Yoko Tawada
Eine Zungengymnastik
für die Gender-Debatte

Yoko Tawada

Eine Zungengymnastik für die Genderdebatte

Konkursbuch
Verlag Claudia Gehrke

Eine Zungengymnastik für die Genderdebatte S. 9

Abwesenheit der dritten Person S. 45

Gender als Textilien, Gender als Landschaft S. 79

Unbewohnbarkeit der Diversität S. 117

Eine Zungengymnastik für die Genderdebatte

Die erste Poetikvorlesung

Wir gehen meistens davon aus, dass es weder eine weibliche noch eine männliche Zunge gibt. Selbst ein Zungenpiercing gendert nicht die Zunge, im Unterschied zu den Ohren, deren Schmuck in Europa und Asien lange als weiblich galt, oder zu den Lippen, die heute noch hauptsächlich bei Frauen angemalt werden. Kein anderes Organ ist so genderneutral und gleichzeitig so erotisch konnotiert wie die Zunge.

Die nackte, feuchte Oberfläche der Zunge erinnert an die der inneren Organe wie die der Lunge oder des Magens, die meistens im intimen Innenraum des Körpers verborgen bleiben. Aber die Zunge zeigt sich schamlos, zumindest versuchen wir nicht, sie zu verstecken. Die vor dem Mund wie eine Sperre vorgehaltene Hand symbolisiert heutzutage sogar eine Unterdrückung der Pressefreiheit. Besser ist es, dem Diktator die Zunge rauszustrecken als den Mund zu halten.

Gehört aber das blutig rote, feuchte Organ zu unserem inneren Leben oder doch zum äußeren?

Dass der Wunsch nach einem Geschlechtswandel heutzutage nicht allein mit Hilfe von Schminke, Schmuck, Frisur oder Kleidung vollzogen wird, sondern relativ schnell eine Hormontherapie oder eine geschlechtsangleichende Operation ins Visier nimmt, lässt sich nicht nur auf die Entwicklung der Medizin zurückführen. Ich beobachte eine Verschiebung der Wahrnehmung, besonders der Grenze zwischen dem Innenraum und dem Außenraum des eigenen Körpers. Der Wunsch nach einer Transformation entsteht aus dem Unwohlsein aufgrund einer Unstimmigkeit zwischen dem Inneren und dem Äußeren. Das „Äußere" besteht aus unendlichen Schichten wie bei einer Zwiebel. In der Psychoanalyse besteht das Innere aus verdrängten Erinnerungen, und das Äußere wäre deren Äußerungen durch Symptome oder Träume. Im Feminismus ist die äußere Welt die patriarchalische Gesellschaft, in der jüngsten Bewegung des Geschlecherwandels der eigene „falsche" Körper, der verändert werden muss/kann.

Das Sinnbild „in einem falschen Körper geboren zu sein" hat sich rasant verbreitet in den letzten Jahrzehnten. Fast jeder Dokumentarfilm über Transpersonen verwendet dieses Sprachbild. (Das Wort „trans" sollte eigentlich ein Adjektiv sein, das wegen seiner fremdländischen Herkunft nicht dekliniert wird. Jedoch kann ein Mensch wie ich, der den Ausdruck „lila Blume" stilistisch befremdlich findet und deshalb immer „lilafarbige Blume" sagt, die Lücke zwischen

„trans" und „Person" nicht ertragen und benutzt das mittlerweile verbreitete Wort „Transperson". Viele grammatikalisch inkorrekten Wörter haben im Laufe der Jahre Staatsbürgerschaft bekommen. Das Gleiche gilt für das Wort „Transfrau" und „Transmann".) Mag sein, dass das Sprachbild der Mehrheit zugänglich ist, denn das Gefühl, in einem „falschen" Körper zu leben, kennen viele Menschen. Er sei zu füllig, zu alt oder zu unauffällig. Und jeder Mensch darf/muss ihn korrigieren. In einer Selbstoptimierungsgesellschaft muss auch der Körper in Richtung eines Ideals bearbeitet werden. Die Korrektur des falschen Körpers belebt die Wirtschaft. Ich gehe auf eine Einkaufsstraße in meiner Nachbarschaft und wundere mich darüber, dass das meistverkaufte Produkt „Selbstoptimierung" heißt: Modeladen, Fitness-Studio, Friseur, Apotheke, Nagelstudio, Yoga, Sonnenstudio, Coaching.

Es gibt hier und dort auch einen Werbespot, in dem verschiedenst geformte Körper präsentiert werden. Ich verstehe die gute Absicht, Vielfalt akzeptieren und ihre Schönheit verstehen zu wollen. Aber ein schlechter Nachgeschmack bleibt doch auf meiner Zunge, genau wie jener, den ich spürte, als ich einen amerikanischen Werbespot sah, in dem die vier Hautfarben wie auf einer Malpalette präsentiert wurden. Freilich gibt es mehr Hautfarben als vier, abgesehen davon, dass ein Native American niemals rot und ein Japaner nie gelb aussieht. Müssen wir uns derartig kategorisieren lassen, um die Politik der Vielfalt zu verteidigen? Unterstützt nicht gerade diese Art des Katalog-Denkens die Ideologie der Menschen, die gegen die Vielfalt gestimmt sind? Sie sagen, dass sie „weiß" sind, aber wer ist schon papierweiß? Könnte ein Leipziger vielleicht weiß sein, weil er aus der Stadt der Bücher stammt, oder eventuell ein Slowene, weil dort die meisten Papiere in Europa produziert werden?

Muss man sich einem Buchstaben zuordnen, H, L, G, B, T, Q, um die Vision der Vielfalt darzustellen und dafür zu stehen?

Es ist kein neues Phänomen, dass wir von einem schönen Körper träumen und an unserem eigenen Körper basteln. Schon durch die einfache Körperpflege sehen wir nicht mehr naturbelassen aus. Daher kann die körperliche Transformation eine banale, harmlose Performance sein, wenn sie nicht der Gesundheit schadet. Warum klingt aber die Vorstellung, in einem falschen Körper geboren zu sein, so traurig wie das Seufzen eines Kindes, das in eine falsche Familie hineingeboren zu sein glaubt?

Als Jugendliche in den 1970er Jahren wollte ich keinen Rock tragen. Das Kind dachte nicht, dass es kein Mädchen sein wollte. Es gibt ein Redemuster, dem ich häufig in Interviews mit Transpersonen begegne: „Wenn ich jetzt zurückblicke, wollte ich nie mit Puppen spielen und immer Fußball spielen." Der Wille eines Kindes wird, gerade weil er ohne Reflexion und Ideologie vorhanden war, später als authentischer Beweis zitiert.

Was mich betrifft, verweigerte ich nicht die japanische Version der Barbie-Puppe, „Rika-chan", als ich sie von Verwandten geschenkt bekam. Ich integrierte sie in meine Figurentruppe, mit der ich für mich Theater spielte. Ein Saurier (auf der Straße gefunden), ein Frosch (ein Kundengeschenk von der Apotheke) und ein Bärchen (selbst ausgeschnitten aus Papier) waren schon dabei. Die japanische Barbie passte nicht ganz dazu, sie wurde aber akzeptiert.

Ich identifizierte mich niemals mit der Barbie-Puppe, aber auch nicht mit dem Frosch, obwohl dieser mir viel vertrauter vorkam als sie. Meistens war ich damit zufrieden, die Regisseurin dieses Figurentheaters zu sein, die gleichzeitig die Handlung bestimmen durfte, also eine Art Drehbuchautorin. Eine Theaterbühne, auf der mehrere Gender gleichzeitig auftreten, könnte die erste meiner Gender-Bühnen gewesen sein.

Mich interessieren zuerst kleinere, oberflächliche, flüchtigere Unterschiede, die inszeniert und wahrgenommen werden. Denn was für ein Geschlechtsorgan ein Mensch hat, ist von außen nicht zu sehen. Viel wichtiger ist die Hautoberfläche, zum Beispiel die Haut des Beins. Ist sie behaart oder nicht? Es wird heutzutage überall fleißig rasiert aus Angst vor der Unterstellung zu vieler Gemeinsamkeiten mit Primaten, und diese Angst ist bei Frauen größer als bei Männern, genauer gesagt, fürchten sich Männer vor dem Tierhaften in einer Frau, während Frauen insgeheim denken, eine Prise Wildnis als Gewürz schade nicht bei den Männern, die sonst zu glatt oder fad wirken könnten. Die Bezeichnungen „Frauen" und „Männer" hier sind selbstverständlich nicht biologisch gemeint.

Die Frage, wie viel Körperhaare erwünscht bzw. akzeptiert sind, hängt von der Zeit und Kultur ab, und daher sollten wir das Phänomen als vergängliche Mode entspannt betrachten. In den 1980er Jahren waren im deutschen Sommer mehr Körperhaare zu sehen als heute, zumindest, soweit ich es als Studentin in Hamburg beobachten konnte. Die Körper in Tokyo waren damals weniger haarig. Die Inszenierung der Geschlechtsmerkmale funktioniert nur in der Relation zu einem anderen Geschlecht, und macht somit die Existenz des imaginären, anderen Geschlechts bewusst.

Ich erinnere mich an eine Szene in der Hamburger S-Bahn, in der ein junger Mann zur Frau, die ihm gegenübersaß, sagte: „Rasiere doch deine Beine!" Die Frau antwortete selbstbewusst in einer damals üblichen feministischen Heiterkeit: „Rasiere doch deine eigenen Beine!" Warum denke ich, dass diese Szene heute eher unwahrscheinlich ist?

Die Vorstellung von weiblichem und männlichem Bein verändert sich schnell und unterscheidet sich von Kultur zu Kultur. Wir bestehen auf die

Selbstbestimmungsrechte, dabei können wir nicht einmal selbst bestimmen, wann und wo wir geboren werden. Und selbst wenn wir das zugewiesene Geschlecht später korrigieren können, haben wir nur eine bescheidene Wahl zwischen dem, was in einem schmalen Streifen der Zeit und des Orts als weiblich gilt, und dem, was als männlich gilt.

Aber die Beschränktheit hat auch eine gute Seite. Weil der Spielraum so überschaubar und bescheiden zu sein scheint, kann selbst ein kleines Körperteil, das bei der Reproduktion gar keine Rolle spielt, wirkungsvoll das Gender markieren. Zum Beispiel die Wimpern. Die Unterschiede zwischen den Wimpern einer Frau und denen eines Mannes sind nicht groß, vor allem nicht angeboren. Die Augen einer Frau, die ihre Wimpern so lässt, wie sie sind, und sie nicht künstlich betont, könnten heute schon als unweiblich eingestuft werden. Umgekehrt könnten die zu lang gewachsenen Wimpern bei einem erwachsenen Hetero-Mann zu einem Problem werden. Die Episode, die ich jetzt erzählen möchte, liegt schon einige Jahre zurück: Beim Ehemann einer Freundin wuchsen die Wimpern wegen medizinischer Augentropfen plötzlich lang und dicht. Zuerst sah es aus, als würde er sich über den neuen Ausdruck seiner Augen amüsieren, die an Elvis Presley erinnerten, aber dann war er von den Gedanken erschrocken, dass er „missverstanden" werden könnte. Ich verstand nicht sofort, was er mit dem Wort „missverstanden" meinte. Umso schlimmer überfiel mich die Erkenntnis: Als Hetero-Mann hat er Angst, dass sein Körper Signale sendet, die auch auf Männer attraktiv wirken könnten. Es kann zu jeder Zeit passieren, weil menschliche Körper – auch ohne Augentropfen – nicht auf die künstliche Grenze zwischen Frau und Mann achten. Eine weiche, leicht gelockte Strähne im Gesicht eines Mannes oder seine feuerroten Lippen nach einem scharfen, thailändischen Essen könnten durchaus Anziehungskraft haben, die als weiblich angesehen werden kann. Daher müssen diejenigen, die auf keinen Fall missverstanden werden wollen, leider ständig aufpassen, und es gibt sogar Ängstliche unter ihnen, die, um sich vor einem „Missverständnis" zu schützen, schwulenfeindliche Witze erzählen. Eine klassische Schutzmaßnahme. Ich frage mich aber, was ist so schlimm daran, missverstanden zu werden? Unsere Körper werden ständig missverstanden, und gerade in Irritationen und Verwirrungen wird ihre Anziehungskraft verstärkt.

Die Wimper ist nicht immer ein „Frauenthema" gewesen und wird in Zukunft wahrscheinlich auch nicht ein solches bleiben.

In einem Artikel aus der Zeitung „Der Standard" vom 6.7.2021 steht: „Im alten Ägypten, später im antiken Griechenland und auch bei den Römern war es üblich, sich mit Kohle und Ruß die Wimpern dunkler zu färben. Das Abschminken muss eine ziemliche Prozedur gewesen sein. Der antike Schminktrend hatte aber nicht nur ästhetische Gründe. Die alten Ägypter glaubten etwa, dass sie so böse Geister fernhalten könnten. Deshalb wurden sogar Neugeborenen die Wimpern gefärbt."

Am Anfang dieses Artikels werden die Männer als Betroffene miteinbezogen, allerdings stehen sie in Klammern: „Ein bezaubernder Wimpernaufschlag ist schönheitsbewussten Frauen (und Männern) seit Jahrtausenden viel Mühe wert. Und wie bei allen Schönheitsidealen gilt auch hier: Wer ihnen nicht von Natur aus entspricht, der muss halt tricksen!"

Heutzutage würde niemand über die Existenz von Mascara für Männer überrascht sein. Die Werbung für ein solches Produkt spricht ohne jede Zuschreibung wie „trans" oder „homo" ihre Zielgruppe an: „Unsere ausdrucksstarke Wimperntusche ist für Männer vorgesehen, die keine Angst vor einer fundamentalen Veränderung haben."

Ausgerechnet durch Mascara – durch etwas, was vergänglich und äußerlich ist – soll etwas Fundamentales verändert werden. Die jüngste Revolution des Gender hat in der Tat etwas Oberflächliches im guten Sinne: Sie nimmt das Aussehen des Menschen ernst, sie will die Oberfläche des Körpers, die der Sprache oder auch die der Toilettentüren ändern. Auch die Vagina oder die Gebärmutter treten an die Oberfläche, insofern, als sie für eine individuelle Entscheidung erreichbar und durch ein Operationsmesser veränderbar geworden sind wie die Wimpern.

Mich fasziniert immer wieder die Tatsache, dass die Augenpupillen an sich weder weiblich noch männlich aussehen. Dabei glauben wir fest, dass gerade der Glanz der Pupillen eine starke sexuelle Anziehungskraft ausübt. Marilyn Monroe wusste, dass das nicht der Fall ist. Betrachten wir einige Fotos von ihr: Was wir als den Ausdruck ihrer Augen wahrnehmen, ist bloß die Linie der Wimpern. Die Augen sind fast geschlossen, sodass sie kaum zu sehen sind.

In Japan wurde Anfang des zwanzigsten Jahrhunderts zum ersten Mal Mascara importiert. Zuerst waren es nur Schauspielerinnen, die sie verwendeten. 1937 wurde die Mascara auch für bürgerliche Frauen erhältlich, verschwand aber sehr bald wieder wegen des Zweiten Weltkrieges. In der Nachkriegszeit und in den Jahren des sogenannten Wirtschaftswunders, in denen wieder fleißig geschminkt wurde, galt die Augenschminke eher als übertrieben, im schlimmsten Fall als anrüchig. Erst um die letzte Jahrhundertwende kam das Wort „Mejikara" (die Kraft der Augen) in Mode, und die Augen wurden stärker geschminkt. Das Wort „Mejikara" bezieht sich allerdingt nicht nur auf Frauen, meint auch nicht die erotische Anziehungskraft der Augen. Vielmehr bezeichnet es die Wirkung und die Ausdrucksstärke der Augen. Ein älteres Wort mit einer vergleichbaren Bedeutung, „Ganriki", wird zum Beispiel im traditionellen Kabuki-Theater durch auffällige Augen-

Kumadori

schminke („Mebari"/„Kumadori") unterstützt. In dieser Form des Theaters spielen ausschließlich männliche Schauspieler, die auch sämtliche Frauenrollen übernehmen. Die Augen der männlichen Figuren werden stärker betont und stilisierter geschminkt als die der weiblichen Figuren. Die Wimpern sind meistens nicht als solche erkennbar.

Sagimusume (Reiherjungfrau), getanzt von Onnagata Akifusa Guraku

Die biologisch männlichen Schauspieler, die auf Frauenrollen spezialisiert sind („Onnagata"), üben ihre Genderrolle auch im Alltag. Es wird von ihnen nicht verlangt, keine Frau zu heiraten oder kein Kind zu zeugen. Sie unterziehen sich keiner Hormontherapie, geschweige denn Operationen. Die Weiblichkeit erreichen sie eher dadurch, dass sie beim Essen ihre Essstäbchen weiblich heben und nicht männlich. Der japanische Ausdruck „Hashi no agesage" heißt wörtlich übersetzt „Heben und Senken der Essstäbchen" und bedeutet jede kleine Körperbewegung im Alltag, die ernst zu nehmen ist. Magnus Hirschfeld interessierte sich während seines Japan-Aufenthaltes für die männlichen Frauendarsteller im traditionellen Kabuki-Theater und versuchte, sie in drei Kategorien aufzuteilen: Die Hetero-Männer, die die Frauenrollen beruflich spielten, die Transvestiten und die Homosexuellen (Hirschfeld „Weltreise eines Sexualforschers im Jahre 1931/32" Frankfurt/M 2006. S.73). Die Kategorisierung könnte unzutreffend sein, da diese Theaterform aus einer Zeit stammt, in der gleichgeschlechtliche Sexualität bei heterosexuellen Männern nicht ungewöhnlich war, sondern gewöhnlicher als zu anderen Zeiten und in einem bestimmten Kontext sogar als Norm galt.

Ukiyoe-Portrait

Zurück zum Thema der weiblichen und die männlichen Wimpern. In den japanischen Ukiyoe-Portraits von Frauen habe ich nie Wimpern gesehen. Erst am Anfang der Moderne tauchten die durch die Schminke betonten Wimpern in den Abbildungen auf.

Heutzutage hat jedes Mädchen und jede Frau in einem Manga lange Wimpern, besonders in denen der Gattung des „Shōjo-Manga" (Manga für Mädchen), die seit den 1950ern in Japan produziert und gelesen wird. Im ersten Manga, das innerhalb dieser Gattung ein breites Publikum fand, „Ribon no kishi" (Ritter der Schleife, erste Veröffentlichung 1953) von Tezuka Osamu, hat die Hauptfigur Prinzessin Saphire lange Wimpern.

In der zeitgenössischen japanischen Literatur, wenn sie eine gewisse Nähe zur Manga- und Pop-Kultur hat, wachsen Wimpern als Schönheitsideal in die Länge. Hier ein Beispiel: „... über den großen, großen mandelförmigen Augen lange, dichte Wimpern, die, wenn sie die Lider niederschlug, zarte Schatten werfen." (Banana Yoshimoto „Tsugumi", Original 1989, deutsche Übersetzung 2006 Zürich).

Als Kontrast zu dieser fast klischeehaften Beschreibung der schönen Wimpern möchte ich ein Beispiel aus der Zeit nehmen, in denen dasselbe Wort „Matsuge" genau dasselbe Körperteil bezeichnete, nämlich die Wimpern, aber noch überhaupt nicht ästhetisiert oder gegendert wurde.

In einer Episode aus dem „Kopfkissenbuch" (um 1000) der Autorin Sei Shonagon geht es um einen „Ōkurakyō" (Finanzminister am mittelalterlichen Kaiserhof), der so gut hören konnte, dass er sogar die Wimper einer Mücke auf den Boden fallen hörte (Episode 275).

Die Lektüre der mittelalterlichen Literatur befreit mich von einer unsichtbaren Zwangsjacke der modernen Genderrahmen und lässt mich ausatmen. Die alten Texte haben etwas Zerstreutes und Ungezwungenes, was die Gender-Debatte gut gebrauchen könnte. In der „freieren" Gesellschaft von heute konsumieren wir zahllose Manga, Anime, Werbungen, Interneteinträge, Fernsehsendungen, Filme und Fotos in den Medien, in denen Geschlechterklischees der äußeren Erscheinung eines Menschen reproduziert und gefestigt werden. Der mythologische Fuchs und die metaphorische Mücke gehören nicht zu dieser Welt. Wir müssen den routinierten Gang von Inputs verlassen und bewusst nach ihnen suchen. Weder der Fuchs noch die Mücke sind zu einer großen Gender-Revolution fähig, aber ich höre gerne zu, wenn kleine Tiere aus literarischen Texten mir leise unverständliche Worte ins Ohr flüstern.

Gibt es eine weibliche und eine männliche Zunge? Wahrscheinlich nicht. Kein Mann versucht, selbst wenn er besonders maskulin wirken will, seine Zunge im Fitnessstudio zu trainieren. Selbst eine Person, die ihren Körper von den Haarspitzen bis zu den Zehenspitzen keinem Zufall überlässt und nach ihrer Vorstellung von Weiblichkeit stark modifiziert, schminkt nicht ihre Zunge. Es gibt zwar Zungen-Piercings, Zungenbürsten und Zungenfärber, aber sie haben wenig mit Gender zu tun.

Es ist erstaunlich, dass die Zunge im Gender-Theater keine Rolle spielt. Dabei ist die Zunge ein äußerst erotisches Organ für alle fünf Sinne. Die Zunge versteckt sich, will nicht gesehen werden. Die Augen hingegen wollen gesehen werden, und sie können kontrollieren, ob sie wirklich gesehen werden. Die Schultern wollen gesehen werden, und dafür brauchen sie sich nicht einmal nackt zu zeigen, denn die Falten eines dünnen Stoffes verraten ihre schöne Rundung und Neigung. Die Zunge hingegen weigert sich, als Objekt intensiv betrachtet zu werden – außer vom Hausarzt. Wenn das Mundwerk eine Meinung äußert, arbeitet die Zunge fleißig mit, macht sich aber keine Gedanken darüber, wie sie aussieht.

Die Zunge wird selten absichtlich gezeigt. Wenn sie aus Versehen gesehen wird, dann nur flüchtig in einem Augenblick, in dem sie die Lippen befeuchtet oder an der süßen, kalten Oberfläche einer Eiscreme leckt. Dieser Anblick fasziniert, irritiert oder beunruhigt uns, als hätten wir ein anderes Tier in einem Menschen gesehen. Während wir verführerische Lippen, die in der Werbekultur etabliert sind, sofort einordnen können und sie uns langweilen, ist jede

Performance der Zunge in der Öffentlichkeit fehl am Platz und daher inspirierend. Der Gesellschaft seine Zunge zu zeigen, erlaubte sich nur ein Genie wie Einstein oder ein Rebell wie Mick Jagger.

Anders als die Lippen bewerten wir die Zunge der anderen kaum oder nie. Ich habe noch nie gehört, dass jemand gesagt hätte: „Ihre Zunge ist so saftig und schön, sie hat die Farbe von Kirschblüten im Schnee." Oder: „Er sieht attraktiv aus, leider ist aber seine Zunge zu schmal. Schade." Die äußere Attraktivität eines Menschen wird nicht an der Zunge gemessen. Es ist erstaunlich, denn heutzutage werden fast alle Körperteile ästhetisiert und bewertet. Selbst Geschlechtsorgane werden trotz ihrer Tabuisierung regelmäßig thematisiert und beurteilt – nicht gerade während eines Familientreffens mit Kuchen und Kaffee, aber gelegentlich in einem vertrauten Gespräch unter Freunden oder Freundinnen. Einige Zeitschriften ziehen mit diesem Thema ihren Umsatz in die Höhe und manche Internet-Kanäle die Anzahl der Klicks.

Die Zunge gehört möglicherweise zum Bereich der Eingeweide, die für die Inszenierung der genderorientierten Schönheit nicht zuständig sind. Einer der wenigen Orte, wo die Zunge bewertet wird, ist die ärztliche Praxis. Nicht nur für die traditionelle chinesische Medizin, sondern auch in der Schulmedizin ist die Zunge ein offenes Buch, das schneller gelesen werden kann als das Ergebnis einer Computertomographie. Während die Zähne häufig eigene Probleme produzieren, spiegelt die Zunge die Probleme der anderen Organe wider. Ihre Selbstlosigkeit und ihr diplomatisches Selbstbewusstsein machen sie edel und lassen uns kurz vergessen, dass sie nicht salonfähig ist. Sie aktiviert erotische Fantasien, ohne selbst „männlich", „weiblich", „trans" oder „inter" zu sein.

Das Gesicht gilt als Visitenkarte im öffentlichen Leben. In einer Demokratie sollte sich niemand schämen, sein eigenes Gesicht zu zeigen. Umso erstaunlicher, dass es hinter der Fassade eine unheimliche, düstere Höhle gibt, die bei jeder Öffnung des Mundes angedeutet wird. Niemand will sich genau vorstellen, wie es in ihr aussieht: Hinten hängt der Apfel der Sünde, unten lauert eine Schlange.

Auf der Suche nach einem Körper jenseits der herkömmlichen Geschlechtervorstellungen entdecke ich im eigenen Körper verschiedene Tiere. Angefangen mit dem Schmetterling in den Wimpern und einer Schlange oder einem Molch in der Zunge, spüre ich an meinem Kopf das Geweih eines Hirsches wachsen, wenn ich ganz langsam nach hinten schaue. Jede Bewegung lässt mich ein weiteres Tier in mir spüren.

Wenn ich über den heterogenen Körper in der europäischen Kunstgeschichte reden will, gibt es keine bessere Gesprächspartnerin als die Autorin Anne Duden. Sie reist auf den Spuren von Mischwesen in Museen und Kirchen. Ein typisches Mischwesen, das in der Kunst häufig dargestellt wurde, ist der Drache. Weil dieses Fantasietier vom Heiligen Georg besiegt wird, könnte ich denken, es wäre die Verkörperung des Bösen. Für die Autorin ist es aber vor allem ein Mischwesen. Sie beschreibt den Drachenkörper in einem ihrer Texte, „Der wunde Punkt im Alphabet" (1995), folgendermaßen:

„Er hat, unter anderem, die Pranken der Raubkatze, das Fell des Bären, den Schädel des Krokodils, die Zunge einer Schlange, die Haut einer Echse, den Ruderschwanz der Alligatoren, er hat riesige Fledermausflügel, den beweglichen Panzer des Gürteltiers und bisweilen auch das dritte Augenlid, die Nickhaut. Ganz wie die Hunde macht er keinen Hehl aus seinem After und seine Hodensäcke ragen manchmal überreif zwischen den Hinterläufen hervor. Zugleich aber besitzt er, ein und derselbe Leib, oft auch noch pralle Brüste oder zahlreiche, spitzabstehende oder schlaff herabhängende Zitzen. Ein einziger Skandal dieser Drache."

(Anne Duden „Der wunde Punkt im Alphabet" Berlin 1995. S.79-80).

Am Körper des Mischwesens sind die Merkmale der weiblichen und der männlichen Geschlechter, aber auch die der unterschiedlichen Spezies zu sehen. Der Drache ist eine Frau und ein Mann, er ist gleichzeitig Säugetier und Reptil.

Lange bevor der Erhalt der Artenvielfalt neben der Erwärmung der Erde als das wichtigste Thema der Umweltbewegung allgemeine Aufmerksamkeit auf sich zog, hatte die Autorin wiederholt schon vom Aussterben jener Vielfalt gesprochen.

Nebenbei bemerkt waren die Texte, die Anne Duden produzierte, auch eine Art Mischwesen. Sie sprach über die Kunst, folgte aber nicht den Regeln der Zünfte von Kunsthistorikern oder Kunstkritikern. Sie schrieb literarisch, also nahm die Buchstaben des Alphabets als einen verwundbaren Körper ernst. Sie wiederholte nicht die Handlung, die im Programmheft vom Zivilisationstheater gedruckt steht. Stattdessen ging sie zurück zu den Bildern, las sie neu und beschrieb sie, praktizierte also eine „Bildbeschreibung", die aber keine ist, weil die Gemälde fließende Übergänge verkörpern und insofern nicht beschreibbar sind.

In „Der wunde Punkt im Alphabet" kommen mehrere Bilder mit dem Motiv der Drachentötung vor. An einer Stelle geht es um das Gemälde „Der heilige Georg und der Drache" (ca.1470) von Paolo Uccello: Ein Drache steht zwischen dem Heiligen Georg, der seine Lanze ins Maul des Drachen sticht, und der Prinzessin, die den Drachen an der Leine führt. Wir alle kennen ein Märchen, in dem der Held den bösen Drachen tötet und anschließend eine Prinzessin heiratet. In der Legende hingegen, die dem Bild zugrunde liegt, tötet der Held den Drachen nicht sofort, sondern führt ihn

Paolo Uccello, Der Heilige Georg und der Drache (ca. 1470)

an der Leine, zeigt ihn den Bewohnern der Stadt, die unter der Drachengewalt leiden, und macht ein lukratives Angebot: Würden sie sich zum Christentum bekehren, werde der Held den Drachen töten.

Interessant ist, dass es im Bild von Uccello die Prinzessin ist, die den Drachen an der Leine hält. Es besteht dadurch eine ambivalente Verbindung zwischen der Frau und dem Mischwesen. Betrachte ich die Form und die Farbe, ist es eher der Mann, der eindeutig Gemeinsamkeiten mit dem Drachen hat, und nicht die Frau. Die zackige Form der Ritterrüstung korrespondiert mit dem Drachenleib, der auch dem grün-blau-grauen Hintergrund farblich angepasst ist.

Aber seine Aufgabe, den Drachen zu töten, und seine hohe Position auf dem Ross trennt ihn vom Mischwesen. Die Frau hingegen steht auf der gleichen Ebene wie der Drache. Dass die Leine nicht gespannt wird, obwohl es um einen Moment geht, in dem der Drache vor dem Angriff des Gegners flüchten müsste, deutet auf eine unheimliche Vereinbarung. Die Prinzessin trägt die Kleidung mit der Farbe des verwaschenen Blutes und blutrote Schuhe. Was bei dem Drachen die Farbe des akuten Leidens ist, trägt die Prinzessin als modische Schuhe, die ihren Füßen eine zivilisierte Form geben. Die Frage ist, ob die Prinzessin nach der endgültigen Tötung des Drachen weniger blass und depressiv aussehen würde als in diesem Bild. Vielleicht hat das Gemälde die Vorgeschichte, die Gegenwart und die Zukunft in einer einzigen Oberfläche festgehalten. Die literarische Sprache der Autorin rollt das Bild auf, übersetzt das Geschehen ins Narrative, ohne es in eine chronologische Reihenfolge hinzustellen. Die Trennung vom Drachen scheint der Prinzessin doch nicht gelungen zu sein und somit bleibt in meinen Augen das binäre System ambivalent. In ihm wird sie immer mehr Schmerzen spüren und immer kleiner werden: „In sich gekehrt wird die jungfräuliche Prinzessin von Lebensphase zu Lebensphase schrumpfen. Fast verstohlen aber und wie in beharrlicher Trance scheint sie bisweilen an etwas festhalten zu wollen. An dem Drachen nämlich, der sich unterdes in seinen Tod einschreit und -röchelt" (dto. S.83).

Spannend finde ich dreißig Jahre nach der ersten Lektüre dieses Textes, wie er heute gelesen werden könnte. Die Hauptinteressen vieler Studierenden haben sich inzwischen vom Feminismus zum Umweltschutz und zur Gender-Vielfalt verschoben.

Der Drache hat in der Kunstgeschichte seinen eigenen Platz neben der weiblichen und der männlichen Figur. Er ist körperlich präsent, jedoch ist er kein Vertreter der neuen, positiv besetzten Positionen wie „Inter" oder „Nicht-binär". Die Tötung des Drachen wurde als Voraussetzung für die Entstehung des binären Systems dargestellt, das nur aus zwei Geschlechtern, aus einem Helden und einer Prinzessin, besteht.

Der Drachenkörper als Mischwesen, als Dazwischen, als Undefinierbares, als das Verdrängte, als Unbequemes, kommt mir vor wie der Ort für die diversen neuen Geschlechter. Jedoch würde ich nicht die Entstehung der neuen Gender-Identitäten mit der Auferstehung des Drachenkörpers vergleichen, denn die neueren Geschlechter kämpfen um die Menschenrechte und Anerkennung als Mensch, nicht als Drachen. Und weil die Menschenrechte immer noch überall angetastet und verletzt werden, müssen wir sie verteidigen. Aber die Betonung sollte nicht auf den „Menschen", sondern auf den „Rechten" liegen.

Damals las ich den Drachenkampf, wie Anne Duden ihn darstellte, so, dass eine bestimmte Körperlichkeit der Frau als Drachen getötet wurde und der Rest, die blasse Prinzessin, überlebt. Heute sehe ich, dass der Text diese Interpretation zwar zulässt, aber nicht vorschreibt. Nach meiner alten Interpretation wäre eine „Rehabilitation" denkbar, das heißt, die Prinzessin gewinnt ihren Drachen-Teil wieder und wird von ihrer halbewigen Trauer befreit. Kann sie aber ihren Drachenteil wiederbekommen? Könnte die Frau zum Beispiel behaart sein oder scharfe Krallen und einen hängenden Busen haben? Ich stelle mir ein Spielzeug vor, in dem die Barbie-Puppe mit Uccellos Drachen vereinigt ist.

Es gibt heutzutage viele politisch korrekte Barbies mit allen körperlichen Sonderheiten. Stellen sie aber wirklich eine ursprüngliche oder natürliche Vielfalt dar so wie der Amazonas sie kennt? In meinen Augen zeigen die neuen, politisch korrekten Barbie-Puppen einfach, welche Merkmale in der Vergangenheit aus der Barbie-Kultur ausgegrenzt wurden, und fügen diese Merkmale äußerlich hinzu, als wären sie Accessoires.

Der vernichtete Drachenkörper ist an sich schon ein Mischwesen. Es geht nicht nur um die Mischung zwischen dem Weiblichen und dem Männlichen oder dem Tierischen und dem Menschlichen. Der Drache ist gelähmt und kämpferisch, seine Haut ist fossil und elastisch, seine Beine sind kurz und lang. In einem heterogenen Körper überlagern sich vorgestellte Körper mit erinnerten Körpern, gefühlte Körper mit zugeschriebenen Körpern, unsichtbare Körper mit visualisierten Körpern, metaphorische Körper mit medizinischen Körpern.

Anne Duden beschreibt, ganz am Anfang des Textes, wie der Mund des Drachen angegriffen wird: „Bei etwa neunzig Prozent der Opfer, die fast immer als am Boden Liegende, mit noch mühsam hochgerecktem Kopf, vorgeführt werden, ist die Angriffswaffe oder deren Spitze in der Kehle steckengeblieben oder im aufgesperrten Rachen, hat den Hals durchbohrt und die Zunge an den Mundboden geheftet" (dto. S.77).

Die an den Boden geheftete Zunge kann nicht mehr sprechen. Als würde er sich vor der Sprache des Drachen fürchten, zielt der Held auf die Zunge des Mischwesens. In einem anderen Buch von Anne Duden mit dem Titel „Zungengewahrsam" (1999) kommt eine Zunge vor, die im Schlaf besser zurechtkommt als tagsüber unter den gesellschaftlichen Regeln der Kommunikation: „Die Nachtintelligenz folgt scham- und hemmungslos, ungehindert der Stimme der Natur und koitiert, schläft zwar nicht mit allem und jedem, aber doch mit allen Sinnen. Und die Zunge hat es nicht mehr nötig, anstößig zu werden, anzuecken oder sich zu verbrennen." (dto. S.38) Diese Zunge kann nicht zustande bringen, was die anderen Menschen für eine sinnvolle Sinnbildung halten. Diese Zunge kann nicht schlafen, weil die Nacht der Zeitraum ist, in dem sie leben kann: „Sie, dieses Exemplar einer Spezies, diese Zunge schlief nie; besonders wach, ja rege war sie im Schlaf oder zu nachtschlafender Zeit. Sie rückte – manchmal im Traum, manchmal wie im Traum – schlafwandlerisch sicher mit allem heraus" (dto. S.33).

Die literarische Sprache des Textes arbeitet mit einer kleinen Verschiebung, wie zum Beispiel von „schamlos" zu „hemmungslos", von „im Schlaf" zu „nachtschlafender Zeit" (der Zeit, in der alle anderen schlafen), von „im Traum" zu „wie im Traum". Es geht nicht um einen Kontrast zwischen Nacht und Tag oder zwischen Frau und Mann, sondern eine leise Verschiebung treibt den Gedanken weiter mit Aufmerksamkeit und Vorsicht. Wer einem binären

System entkommen will, sollte besser eine Verschiebung üben als einen Sprung. Gesprungen wird zum Ufer gegenüber, was wiederum das Zwei-Ufer-System unterstützt. Eine Verschiebung hingegen berührt das gesamte Feld ohne den Grenzfluss.

Die Zunge kann eines der wenigen Körperteile sein, die den Drachenkampf überlebt haben und weiter in uns leben. Kein Wunder, dass die Zunge selbst bei einem klischeehaft weiblichen Model oder bei einer Bilderbuchprinzessin nicht besonders weiblich aussieht. Aber das heißt nicht, dass die Zunge in unserer gender-fixierten Gesellschaft ausnahmsweise immer in Ruhe gelassen wird. Es gibt mehrere Versuche, die weibliche Zunge mit der männlichen Zunge zu vergleichen. Als möchte sich jemand durch ständige Vergleiche vergewissern, dass die Welt aus zwei Geschlechtern besteht. Das erklärt zumindest, warum die Geschlechter-vergleichende Untersuchung so beliebt ist. Ein gutes Beispiel ist der Vergleich des weiblichen Gehirns mit dem männlichen. Eine vergleichende Studie über das Gehirn der „Deutschen" und das der „Russen" würde sofort einen Skandal auslösen, egal wie wissenschaftlich sie geführt wird.

Der Vergleich des Geschmacksinns klingt zuerst harmloser als der des Gehirns. Es gibt einige Untersuchungen darüber, ob eine weibliche Zunge besser oder anders schmeckt als eine männliche. Die

Anzahl, die Eigenschaften und die Verteilung der Geschmacksrezeptoren auf der Zunge werden gezählt, daraus werden Statistiken hergestellt, und es wird über die Ursachen spekuliert. Es gibt Untersuchungen von den als seriös geltenden Universitäten, deren Namen wir vertrauen. Es gibt in den Medien journalistische Nacherzählungen solcher Untersuchungsergebnisse, die keine Absicht haben zu lügen, aber aus kommerziellen Interessen mit Erwartungen, Gefühlen und der Neugierde der Leserschaft spielen. Und es gibt eine Leserschaft, die in den letzten zwanzig Jahren immer stärker glaubt, dass die Unterschiede zwischen Frau und Mann etwa vor zwei Millionen Jahren entstanden seien. Viele akzeptieren diese These intuitiv, weil sie zu ihrer Vorstellung von der Steinzeit passt, die so unschuldig und authentisch sein muss, weil damals niemand von lästigen, komplizierten Gender-Theorien beeinflusst war.

Die französische Frühhistorikerin Marylène Patou-Mathis, die Autorin des Buches „Weibliche Unsichtbarkeit. Wie alles begann" (München 2022), hält die verbreitete Vorstellung von der Steinzeit, in der die Männer auf die Jagd gingen, während die Frauen Früchte sammelten und sich um die Kinder kümmerten, für eine Fehlinterpretation, die in der Zeit entstanden sei, in der der „Sexismus" in der Wissenschaft noch nicht reflektiert wurde. Die Funde allein zeigen nicht, dass die weiblichen und die männlichen Aufgaben in einer Weise, wie wir es uns heute vorstellen, klar voneinander getrennt waren. Als ein Beispiel erzählt sie vom Skelett eines Menschen, das 1880 in Schweden gefunden wurde. Der Mensch war begraben mit einem Schwert, zwei Lanzen, fünfundzwanzig Pfeilen und anderen Beigaben. Selbst ein Land wie Schweden war anscheinend Ende des neunzehnten Jahrhunderts noch nicht frei von Geschlechterklischees. Die damalige Forschung nahm ohne Zweifel an, dass es sich um einen männlichen Wikingeranführer handele. 2017 kam die Wahrheit durch die DNA-Analyse des Skeletts ans Licht, dass es sich um eine 30-jährige Kriegerin handelt.

Die Archäologie wird uns in den kommenden Zeiten Schritt für Schritt von einer Steinzeit-Fantasie, die durch Angst vor der modernen Gender-Verwirrung immer wieder aktiviert wird, befreien. Gerade weil wir, was das Gender betrifft, mitten in einem großen Fragezeichen leben und nicht wissen, wie viel Geschlechter es in Wirklichkeit gibt, ist die imaginäre Steinzeit für einen verunsicherten Geist ein Fluchtort.

Warum muss das aber die Steinzeit sein? Es gibt in der Gegenwart genug Länder, in denen die Rolle der Frauen und die der Männer streng voneinander getrennt sind. Sind solche Gesellschaften natürlicher, ursprünglicher oder authentischer als ein Land wie Island oder Finnland? Ich habe die beiden Länder hier als Beispiele ausgewählt, weil sie im Ranking des „Global Gender Gap Report 2021" vom WEF

(The World Economic Forum) ganz oben standen. Aber das ist auch nur eine Statistik.

Genauso verhält es sich mit der Statistik über die Zunge. Es gibt messbare Unterschiede zwischen weiblichen und männlichen Zungen. Statistisch gibt es aber auch Unterschiede zwischen niederländischen und italienischen Zungen. Es kann sein, dass es die Leserschaft erleichtert, wenn sie erfährt, dass die italienische Zunge mehr Geschmacksrezeptoren hat als die niederländische, weil das bestätigt, dass die Welt so ist, wie wir sie uns vorgestellt haben. Eigentlich muss niemand die Geschmacksrezeptoren zählen, sondern einfach die Anzahl der italienischen und der niederländischen Restaurants in Berlin vergleichen. Wir sind froh, wenn wir das Gefühl haben, in einer unfassbar vielfältigen, gemischten Welt irgendeine Orientierung zu haben. Am liebsten sollte sie einfach, klar und unwiderlegbar wie die Zahlen sein. Eine erwünschte Statistik ist gesund, denn sie senkt unseren Blutdruck und den Puls.

Es gibt eine Statistik, die besagt, dass Frauen am Tag 20.000 Wörter sprächen, während es bei Männern nur 7.000 wären. Es gibt auch andere Statistiken, die diesem Ergebnis widersprechen und es als Mythos kritisieren, obwohl der Mythos an sich eine faszinierende Gattung ist, genau wie das Märchen. Es ist eine Unart, sie als Metapher für Lüge oder Unwahrheit zu missbrauchen.

Meine Frage ist eher, warum und wer überhaupt Frauen mit Männern vergleichen wollte und dafür Forschungsgelder beantragt und auch noch bekommen hat. Es gibt andere Unterschiede, die einen größeren Einfluss auf die Anzahl der gesprochenen Wörter haben können als die biologischen Geschlechter. Zum Beispiel der Beruf: Als Laie stelle ich mir vor, dass ein Grundschullehrer mehr spricht als ein Fischer auf einer kleinen Insel. Aber ich würde niemals Forschungsgelder beantragen und vor allem nicht meine Lebenszeit dafür verschwenden, um diese These zu bestätigen.

Eine Gender-Landschaft, die aus einer Frau und einem Mann besteht, ist anscheinend viel fragiler als wir denken. Sie ist so substanzlos, dass sie täglich erneut durch Werbefotos, Schein-Forschungen und klischeehafte Sprüche wiederhergestellt werden muss. Niemand hat sich je in einem Gender, das eine Zivilisation uns angeboten hat, wirklich wohl gefühlt, es sei denn, dieser Jemand hat eine schwache Sensibilität und Kreativität. Jeder Körper, egal welcher, kennt Angst und Faszination gegenüber einem Mischwesen, weil er auch eins ist. Wir sollten uns deshalb nicht voreilig als eine Minderheit stilisieren lassen.

aus dem illustrierten Text „Splendor solis" (Sonnenglanz), 16. Jahrhundert

Abwesenheit der dritten Person

Die zweite Poetikvorlesung

Ich habe mich schon immer darüber gewundert, dass die Pronomen für die erste und die zweite Person Singular, „ich" und „du", wie ein Unisex-Kleidungsstück zu jedem Gender passen, während die Pronomen für die dritte Person Singular, „sie" und „er", wie Damen- und Herrenkleidung auf einer altmodischen Unterscheidung beharren. Wer sich in der genderfreien Atmosphäre der ersten Person entspannt („Ich ist immer ich"), wird immer wieder durch die Frage der dritten Person („Bist du eine sie oder ein er?") überrascht. Das ist vergleichbar mit der Situation, in der ich mich in einem öffentlichen Gebäude durch verschiedene Räume frei bewege, und plötzlich vor den Toiletten zu einer Wahl gezwungen werde: Ich kann entweder die Tür für Frauen öffnen oder die für Männer. Es ist nicht der Fall, dass ich diese Trennung diskriminierend finden würde, wie jene Türen, die während der Apartheid in Südafrika oder auch in den USA die sogenannten „Weißen" von den anderen Menschen trennten. Außerdem fühle ich mich wohl in den Damentoiletten, auch wenn ich keine Dame bin und keinen Rock trage wie das

Piktogramm an der Tür. Aber vor einer Toilettentür denke ich oft darüber nach, warum die Pronomen der dritten Person nicht genderfrei sind.

Letztes Jahr war ich bei einem Austausch zwischen einer deutschen und einer amerikanischen Universität zu Gast. Auf der deutschen Seite stellten sich die Studierenden vor, indem sie ihren Namen und ihre Studienfächer nannten. Die amerikanischen Studierenden nannten ihren Namen und das Pronomen, mit dem sie bezeichnet werden wollten.

Die Personalpronomen waren bis vor kurzem außerhalb der Linguistik oder des Sprachunterrichts kein Thema. Wer hätte gedacht, dass sie eines Tages persönlich sowie politisch so wichtig werden?

Eindeutig hatte ich die Pronomen unterschätzt. In meinen Augen machten sie nichts anders als einen Namen, einen Gegenstand oder einen Sachverhalt, die zuvor erwähnt wurden, beim zweiten Mal zu ersetzen, damit dieselben Wörter nicht wiederholt werden. Mein Sprachgefühl kann zwar nicht nachvollziehen, warum die Wiederholung vermieden werden muss, aber das liegt bloß daran, dass meine Muttersprache Japanisch ist. Außerdem kann jede fremde Regel in der Sprache die Kreativität fördern, also folge ich ihr, aber meine Einstellung gegenüber den Pronomen war nie respektvoll: Sie sind an sich leer und farblos.

Das Wort „Personalpronomen" erinnerte mich schon immer an das Personal, das früher den Dienstherren dienten. Damit die Zuständigkeit des Personals klar ist, werden die Herrschaften, also die Substantive, in drei Gruppen aufgeteilt und entsprechend auch das Personal.

Eine der Gruppen heißt Femininum, aber die meisten, die zur Gruppe gehören, sind keine Frauen. Zum Beispiel ist eine Hose keine Frau, aber gehört zur Gruppe „Femininum", deshalb arbeitet bei ihr das feminine Personal „sie". Für eine Frau namens Rose arbeitet auch eine „sie", der Grund dafür liegt nicht in ihrem anatomischen Körper.

In den letzten Jahren sind die Personalpronomen immer persönlicher genommen worden. Vielleicht sind sie persönlicher als wir denken. Daher möchte ich sie bei meiner Überlegung nicht auf ihre grammatikalische Funktion reduzieren, sondern auf ihre Körpertemperatur achten, auch auf die Emotion, die sie bei uns auslösen. Die Frage, ob ein Mensch als „sie" oder „er" bezeichnet wird, lässt uns nicht mehr kalt, und das ist kein Orchideenproblem einer Minderheit mehr. Die Wahrnehmung des Gender und somit auch die der Pronomen verändert sich rapide. Es geht nicht nur darum, dass etwa eine Transfrau nicht mehr als „er", sondern als „sie" bezeichnet werden will. Viele Fragen über das Gender und die Pronomen werden nicht allein damit beantwortet, dass sich jeder Mensch für ein altes oder neues Pronomen entscheidet und es sich auf die Visitenkarte drucken lässt.

In den Interviews im „ENTR.net" (ein mehrsprachiges Videoangebot für junge Menschen in Europa, in dem über verschiedene gesellschaftliche Probleme diskutiert wird) zum Thema „Gender Diversity: So divers sind Pronomen" erzählen einige Menschen über die Pronomen, die sie für sich ausgesucht haben. Es werden neben den bekannten „sie" oder „er" auch neue Optionen wie "they/them" (im Singular), "Gazelle/sie" oder "dey/dem" genannt. Dabei vermitteln die Sprecher eher Gefühle wie „Es fühlte sich gut/richtig an", als dass sie für ihre Wahl historisch oder theoretisch argumentieren würden. Die Pronomen können gefühlt werden – wie ein Stoff, ein Pullover oder vielleicht eine Haut.

Eine Stimme in diesen Interviews äußert sich zu den sogenannten „Neopronomen" wie „hen" oder „sier" etwas distanziert: „Das hat sich für mich nicht so authentisch angefühlt." Ich war überrascht zu hören, dass Authentizität im Pronomen für die dritte Person gesucht wird. Denn die Personalpronomen sind kein Gefühlsausdruck einer Person. Selbst das für die erste Person, „ich" an sich, vermittelt als Wort nichts darüber, was ich denke oder wie ich mich fühle. Ich kann nicht sagen, ob das Wort „ich" zu mir passt. Denn alle anderen benutzen es ja auch.

In der japanischen Sprache ist die dritte Person kaum ein Thema. Es ist üblich, den Eigennamen zu wiederholen oder geschlechtsneutrale Ausdrücke wie „dieser Mensch" („kono hoto", „ano kata" usw.) zu verwenden. Es gibt zwar Wörter wie „sie" (kanojo) oder „er" (kare), aber sie sind bloß zwei unter vielen anderen Optionen, eine dritte Person zu bezeichnen, und außerdem sind sie für die Grammatik nicht relevant.

In der Mythologie glauben wir oft eine klare, scheinbar sehr veraltete Aufteilung der Geschlechterrollen zu erkennen. Odysseus ist ein „er", der auf die Weltreise geht und ein atemberaubendes Abenteuer erlebt, während eine „sie", seine Frau Penelope, zu Hause bleibt und auf ihn wartet. Die Frauenbewegung hat die Gesellschaft so weit verändert, dass auch Penelope zu jeder Zeit auf eine Weltreise gehen kann. Um eine Abenteuerreise zu machen, muss sich keine Frau mehr in einen Mann verwandeln. Jede Penelope kann, wenn sie will, als Forscherin, Reporterin oder Außenministerin gefährliche Gebiete der Welt bereisen, mit fremden Menschen Streitgespräche führen, Konflikte beseitigen und wieder nach Hause kommen. Niemand würde sagen, Penelope hätte zu Hause bleiben müssen, weil sie eine Frau sei. Umgekehrt kann jeder Mann zu Hause bleiben, sich auf das Sofa setzen und eine angenehme Musik hören. Es ist eine bessere Option, als sich mit Wachs seine Ohren zuzustopfen, um sich vor der Stimme der Sirenen zu schützen. Ohne Problem wird er schaffen, wie Penelope ihrem Mann, seiner Frau treu zu bleiben und auf sie zu warten. All das schafft er heutzutage als Mann. Er muss sich nicht in eine Frau transformieren.

Unsere Identifikationsfigur finden wir nicht nur in der Familie, sondern bewusst oder unbewusst in den Mythen und in der Geschichte. Dafür müssen wir nicht einmal ein dickes Buch von Homer öffnen. Überall leben die Mythologien weiter – in den Fotos, in den Medien, in den Filmen, im Manga und Anime. Wir konsumieren sie, atmen sie täglich ein wie Luft, und manchmal bekommen wir das Gefühl, dass wir nicht gut genug die eine oder die andere Genderrolle spielen.

Ein Odysseus steht in einem Werbefoto als ein moderner Mann, der eine bestimmte Jeansmarke trägt und auf einem Floß steht. Oder er ist doch kein Odysseus, sondern ein anderer Held aus einer anderen Mythologie, und es gibt weder ein Floß noch die gewaltsamen Ozeane. Es gibt viele Helden, die miteinander verschmelzen und immer wieder mit einem anderen Gesicht auf der Bildoberfläche auftauchen. Werbefotos beeinflussen langfristig die Genderklischees und unser Selbstbild, genauer gesagt, was wir sein sollten und was wir nicht sind. Niemand kann die Vorbilder, die dort als materialisierte Attraktivität vorgeführt werden, erfüllen. Es ist eine Treibkraft, die die Wirtschaft belebt.

Wenn ich etwas als „Genderwahn" bezeichnen würde, dann bestimmt nicht die Sprachreform, sondern die Werbekultur. Es gibt schon längst werbekritische Werbungen, aber das Problem ist, dass wir nicht mehr wissen, wo die Werbung beginnt und wo sie endet.

In der Lektüre von Literatur identifizierte ich mich fast immer mit einer männlichen Figur. Im Fall der „Odyssee" von Homer war ich immer automatisch Odysseus. Dabei störte mich nie, dass ich weder männlich noch griechisch aussah. Ich kam nie auf den Gedanken, dass ich anders aussehen müsste, um ein Odysseus zu sein. Mein realer Körper wurde bei der Lektüre vollkommen in Ruhe gelassen, nur der Geist arbeitete. Die Sprache war mein Zuhause, nicht der reale Körper. Ich las und verwandelte mich, es war immer ein Akt des Erinnerns, obwohl ich die erzählten Erinnerungen nicht selbst erlebt hatte. In einem Text verschwindet die Grenze zwischen mir und den anderen, auch die Grenze zwischen „jetzt" und der mythischen Zeit.

Barbara Köhler veröffentlichte 2007 ein Buch mit dem Titel „Niemands Frau". Es besteht aus einundzwanzig Texten, die Motive und Figuren aus Homers „Odyssee" auseinandernehmen und durchspielen.

Analytisch und musikalisch komponiert die Autorin ihre Sprache und die Motive aus der Mythologie. Ihr Erzählen setzt dort an, wo es noch keine klare Trennung zwischen „ich", „du", „er" und „sie" gibt. Die Identität festigt sich erst dann, wenn das Erinnern und das Erzählen abgeschlossen werden. Noch ist es nicht so weit und auch am Ende des Buches bleibt alles offen. Es geht der Autorin eher darum, das scheinbar Abgeschlossene wieder zu öffnen.

Wie sieht die Landschaft der Personalpronomen dort aus, wo noch keine Rollen verteilt sind? Es gibt noch keinen männlichen Erzähler, der über Frauen, Männer und Monster erzählt. An seiner Stelle gibt es Lust, Inspiration, Stimme und Musik. Es gibt eine Muse, die ein „Ich" dazu bringt zu erzählen, aber wer dieses „Ich" ist, und ob dieses „Ich" zu demselben Geschlecht wie Odysseus gehört oder zu einem anderen, bleibt offen.

Schon im ersten Kapitel „MUSE/POLYTROP" befinden wir uns auf einer Schifffahrt auf einem Meer, auf dem die Personalpronomen durcheinanderschwimmen:

„Sage mir muse wer Es ist was Er wer Homer & warum / ist Es wichtig & Es zu wissen sag mir wer du bist / was Ich ist sag mir dich frage ich mich sage wenn / ich meine er seiner die oder der irrt so ich irre / wäre eine gewordene wäre die frage mich irre mich muse sage mir."

(„Niemands Frau" Frankfurt am Main 2007 S.10)

POLYTROP ist der übliche „Spitzname" von Odysseus bei Homer. Es gibt aber auch einen Fachbegriff, der aus der Biologie bzw. der Thermodynamik stammt und der mich an die außergewöhnliche Fähigkeit der Pronomen denken lässt, in Berührung mit anderen Wörtern, die vor und nach ihnen stehen, ihre Temperatur zu ändern.

Noch gibt es weder ein maskulines Ufer für den männlichen Erzähler Homer und seine Helden noch ein feminines Ufer für Penelope und die Muse, die den Erzähler inspiriert.

Die Satzstruktur in diesem Prosawerk ist frei wie die in der Lyrik oder sogar noch freier und ähnelt der Oberfläche des stürmischen Meers. Der Text ist im Blocksatz gesetzt wie ein Prosatext, aber darin schwimmen die Wörter freier als in einem Gedicht. Dadurch, dass der Schrifttyp an das Schreibmaschinenschreiben erinnert, wirkt der Text wie ein Manuskript. Noch wird es nicht offiziell „erzählt", noch steht die Identität des Erzählers nicht fest, auch nicht die Machtverhältnisse zwischen ihm und der Muse oder zwischen ihm und der Leserschaft:

„Mir sage muse wer sagt dass Er sein / Homer sei gewesen ein sie sei nicht einer sei ein / e mehrzahl wenn er ist bin ich dann muse sage mir / seine: worte für: mich sag mir: YOU SPIRITS: THAT / TEND: ON MORTAL: THOUGHTS: UNSEX ME: HERE."

(dto.)

Noch steht Homer nicht als „er" fest, als der große Geist der Weltliteratur, der die Mehrzahl der Geister besiegt. Noch schreiben die Geister mit ihrer Pluralität den Text mit:

„– alles Sein was ist mein & dein / & nicht sein das nichtSein nichtEinsSein das mein / das deinSein ein geteiltes erwidertes ungehöriges / beisein in dem wir sind: kein Bild nicht diese ab / gebildeten / körper die areale ist sie nicht die er / Es sind ihre töchter die singen –"
(dto., S.11)

Aus dem Wort „Erinnerung" wird durch die Worttrennung beim Zeilenbruch die Vorsilbe „er" abgeschnitten und aus dem „Erzählen" entstehen „er" und „zählen". Ohne den großen Erzähler wird die große Erzählung in den Zustand des Zählens zurückgesetzt, was keinen Rückschritt bedeutet. Wer sagt, dass das Zählen nicht zählt? In der Welt der Vielfalt muss gezählt und aufgezählt werden. Wie viel Geister gibt es? Wie viel Pronomen gibt es? Alles zählt. Denn es geht um das Nicht-eins-sein.

Die Personalpronomen behandeln uns Menschen weder herzlich noch persönlich. Sie machen uns anonym und austauschbar. So viele Menschen können eine „sie" sein. In der deutschen Sprache kann nicht nur ein homo sapiens, sondern auch eine Katze oder sogar eine Tasse eine „sie“ sein. Genauso kann ein König, ein Hund oder ein Teebeutel ein „er“ sein. Egal ob es ein Mensch, ein Tier oder ein Gegenstand ist, es wird in eine der drei Schubladen – sie, es oder er – hineingeworfen. Hier herrscht eine absolute Gleichberechtigung unter einer Monarchie der Grammatik: Eine Schere, eine Schlange und eine Königin bekommen dieselbe Krone, die „Artikel“ genannt wird. Die, das, der: Wer welche Krone bekommt, hat nichts mit dem Aussehen zu tun, geschweige mit bestimmten Geschlechtsorganen, die sich in einem Körper befinden. Es ist beliebig, wer eine „sie“ wird, daher nicht erklärbar, aber abgesprochen, also nicht ohne weiteres veränderbar. Mit einem Wort: „arbiträr“. Meistens wird der Begriff benutzt, um zu erklären, warum die Schere „Schere“ heißt, obwohl sie genauso gut ganz anders heißen könnte. Die Schere könnte nicht nur anders heißen, sondern auch maskulin sein. Das würde kaum jemanden wirklich stören.

Manchmal, wenn ich mich langweile, denke ich darüber nach, warum eine Schere als Wort feminin ist, und vor allem, ob diese Zuschreibung die technische Entwicklung dieses Werkzeugs beeinflusst hat oder nicht. Wäre das Wort „Schere“ maskulin gewesen, hätte man sie vielleicht anders gestaltet. Sie hat zwei runde Formen, die mich an Brüste oder Pobacken erinnern. Andererseits sehen die meisten Scheren spitz und phallisch aus. Die sexuellen Assoziationen entfalten sich nicht gradlinig, sondern netzartig, manchmal wie ein Feuerwerk. In ihr verschmelzen die zwei Geschlechter viel schneller miteinander als in einer politischen Diskussion.

Dass eine Schere grammatikalisch feminin ist, zeigt erstens, dass das Genus nichts mit dem biologischen Geschlecht zu tun hat, und zweitens, dass diese Leerstelle mit sexuellen Fantasien gefüllt werden könnte, aber nicht müsste. Ich brauche eher eine asexuelle Fantasie, um im Wort „Frau" die Feminität zu sehen.

In den 1980er Jahren hatte ich eine größere Freiheit: Eine weibliche Schreibende konnte entweder als „Autorin" oder auch als „Autor" bezeichnet werden. Heute wäre es ein grammatikalischer Fehler, eine Autorin als Autor zu bezeichnen. Ein Satz wie „Der Autor lügt immer wieder gern" bezog sich damals auf alle Autorinnen und Autoren. Heute würde derselbe Satz das weibliche und andere Gender ausschließen und deutet sogar an, dass die Autorin weniger lügen würde als der Autor.

Um die weiblichen Personen einzuschließen, fing man an, „die Autorin und der Autor" zu sagen. Damit wurden aber alle, die weder Frau noch Mann sind, ausgeschlossen. Hätten wir damals die Männlichkeit des Wortes „der Autor" rein grammatikalisch verstanden, hätte das Wort keine Frau und keines der diversen Identitäten ausgeschlossen. Es war zwar nicht unproblematisch, die männliche Form stellvertretend für alle Menschen zu verwenden, aber die Sprache war nicht verantwortlich für den Missstand des Ausschließens, sondern der Missstand beeinflusste die Wahrnehmung der Sprache.

Um es zu ändern, muss nicht unbedingt das Bezeichnende geändert werden. Andererseits bin ich nicht grundsätzlich gegen die Veränderung der Sprache, denn die mittlerweile festgefahrene Argumentation, dass nicht die Sprache, sondern die Gesellschaft verändert werden solle, hilft uns nicht wirklich weiter.

Das Gender in der Sprache bekommt zurzeit eine große Aufmerksamkeit, als wäre es ein Knoten in der Geschichte und im Gehirn. Ich möchte es nicht als Problem, sondern eher als Inspiration mit Neugierde betrachten. Besonders interessant finde ich die alternativen Personalpronomen, die genderinklusiv oder genderfrei gedacht sind. Unter den genderinklusiven Formen verstehen wir Formen wie „si*er", „sier*", „hen", „they" oder „xier", die alle Gender einschließen sollten. Das Pronomen „xier" wird mit der Betonung auf der ersten Silbe „iks-ier" ausgesprochen. Das Sternchen glitzert im Pronomen „si*er" sowie in dem Substantiv „Autor*innen". Das kleine zackige Licht ist uns mittlerweile schon vertraut. Während eine Sternschnuppe vom Himmel fällt, halte ich den Atem an und wünsche allen Geschlechtern, die weder weiblich noch männlich sind, eine glückliche Zukunft. Aber der Fall eines Sterns ist bekanntlich zu kurz, um einen Wunsch auszusprechen. Es geht auch nicht, eine zu lange Pause zu machen. Dann würde der Zwischenraum zwischen „sie" und „er" zu groß werden und die vereinende Kraft des Pronomens verschwinden.

Das Personalpronomen „hen" gehört zum geschlechtsneutralen NoNa-System, das eine neue Grammatik schreibt. Das Wort dekliniert „hen", „hens", „hem", „hen".

Ich bin froh, dass ich nicht jetzt erst nach Deutschland übergesiedelt bin. Sonst müsste ich neben der konventionellen Grammatik, die kompliziert genug ist, zusätzlich das Gender-Esperanto lernen. Oder ich lerne es nicht und bewege mich weiter nur noch in einem Teil der Gesellschaft, in dem andere Probleme dominanter sind als die Gender-Debatte. Weder an der Hochschule noch in einer Behörde werde ich eine Stelle bekommen. Aber diese Ansicht sollte nicht als Gegenargument gegen jede Sprachreform verwendet werden. Wer eine Sprachverwirrung genießen kann, kann mit Vielfalt umgehen.

„Hen", „hens", „hem", „hen": Diese Neopronomen klingen für meine Ohren fast schwedisch und damit auch fortschrittlich. Sie klingen aber auch österreichisch: Ich meine nicht, dass sie nach Mozart klingen würden, sondern nach Ernst Jandl mit seinem Gedicht „von einen sprachen". Es beginnt folgendermaßen:

„schreiben und reden in einen heruntergekommenen sprachen / sein ein demonstrieren, sein ein es zeigen, wie weit / es gekommen sein mit einen solchenen: seinen mistigen / leben er nun nehmen auf den schaufeln von worten".

(E. Jandl: Gesammelte Werke. Darmstadt und Neuwied 1985. Zweiter Band, S.322)

Die Wörter, die dekliniert oder konjugiert werden können, enden alle auf „n" – ohne Rücksicht auf die herkömmliche Grammatik. Dass die Sprache „heruntergekommen" sei, ist eine Standardklage derjenigen, die die Verwandlung der Sprache schwer akzeptieren können. Sie klagen zum Beispiel, die Jugendsprache sei heruntergekommen, das Kiezdeutsch sei eine heruntergekommene Sprache oder wegen der Ausländer sei die deutsche Sprache heruntergekommen. In diesem Gedicht von Jandl wird die Klage ironisch wiedergegeben, und der Witz liegt darin, dass die Klage selbst in einer „heruntergekommenen" Sprache durchgeführt wird, die aber im Laufe des Gedichtes unerwartet eine Ausdruckskraft gewinnt. Es wird immer klarer, dass eigentlich nicht nur die Sprache, sondern etwas anderes, etwas

Unbenanntes, vielleicht etwas Unsagbares „heruntergekommen" ist. Es gibt aber keine andere Sprache außerhalb dieser Sprache, mit der wir darüber reden können. Also wäre es eine Illusion, an eine saubere Sprache zu glauben, geschweige denn eine bessere Sprache erfinden zu können. Wir können nur in dieser einen „heruntergekommenen" Sprache sprechen, ohne sie zu beschönigen. Das Sprechen dieser Sprache selbst wird daher eine Demonstration, die zeigt, was los ist:

„und es demonstrieren als einen den stinkigen haufen / denen es seien. es nicht mehr geben einen beschönigen / nichts mehr verstellungen. oder sein worten, auch stinkigen / auch heruntergekommenen sprachen – worten in jedenen fallen / einen masken vor den wahren gesichten denen zerfressenen / haben den aussatz. das sein ein fragen, einen tötenen."
(dto.)

Die Sprache kann ein stinkender Haufen sein, wenn die Geschichte der Zivilisation von Anfang an stinkt. Eine wohlduftende Sprache zu sprechen wäre verlogen. Mitten im Müll haben die Wut und die Lust ihren Platz. Sie auszusortieren wäre die Methode der Mülltrennung, während alles Stinkende miteinzubeziehen und daraus eine Musik zu machen dem Geist des Free Jazz entspricht.

Ernst Jandl arbeitete in den 1980er und 1990er Jahren intensiv mit verschiedenen Jazzmusikern. Besonders das Werk „Laut und Luise", das in der Zusammenarbeit mit dem Musiker Dieter Glawischnig entstand, inspirierte nachhaltig das Genre „Jazz und Lyrik". Um den Klang der Gedichte zu gestalten, scheute sich Ernst Jandl nicht, die Grammatik der deutschen Sprache zu erweitern.

Im Gedicht „von einen sprachen" entsteht dadurch, dass viele Wörter auf „n" enden, ein bestimmter Sprachrhythmus, der mal provokativ, mal scherzhaft klingt, besonders in der Art und Weise, wie der Dichter selbst das Gedicht vorträgt. Ich spüre allerdings auch etwas Trauriges aus der Wut entspringen. Wie ein kreatives Kind, das sein Lieblingsspielzeug zerschmettert, um Musik zu machen, steht der Dichter am Ende allein in Trümmern. Eine große Zuhörerschaft hat er gehabt, aber wer kann diese Musik weiter oder wieder spielen, nachdem er fort ist? Die Performancekunst kennt diese Trauer, die einer Schriftkultur fremd bleibt. Heutzutage werden viele neue Pronomen erfunden. Es ist noch unklar, ob sie wie eine Performance nach und nach vergessen werden oder einen Zugang in die Schriftkultur finden. Allerdings ist die Performance als Kunst keineswegs weniger wert als geschriebene Bücher, die sehr schnell in der Nationalbibliothek in die ewige Rente gehen.

In der japanischen Grammatik gibt es kein Genus. Auch ein Mann ist als Wort nicht maskulin, und das ist nicht etwa als Folge einer Gender-Bewegung passiert, sondern schon immer so gewesen. Das macht die Sprache nicht exotisch. Denn auch in der englischen Sprache ist das Wort „writer" nicht maskulin, und es steht für weibliche, männliche und alle anderen Schreibenden. Da die englische Sprache mit der deutschen verwandt ist, habe ich den Verdacht, dass das deutsche Wort „der Schriftsteller" in Bezug auf die Realität auch genderfrei gemeint sein könnte. Es ist nur grammatikalisch gesehen maskulin, genau wie das Wort „Baum" maskulin ist.

Oder war das die Leistung der englischen Sprache, das Gender zu vergessen?

Hat sie es fallen lassen, weil sie frühzeitig von vielen ausländischen Zungen gesprochen wurde? Dann wäre es vielleicht eine wichtige Aufgabe der ausländischen Zungen, die deutsche Grammatik zu einer schlichteren Form zu schleifen, indem sie fleißig grammatikalische Fehler macht.

Als ich in den 1980er Jahren in einer kleinen deutschen Stadt übernachtete und beim Frühstück erzählte, dass ich gerade einen Magister-Abschluss mache, lachte die Pensionsbesitzerin und sagte, „Magister" sei für sie ein älterer Mann mit Bart und das würde nicht zu mir passen. Ich frage mich, ob die meisten jungen Frauen in dieser Stadt deshalb nicht studieren würden, weil sie keinen Bart haben. Der Magister war damals der erste akademische Grad an der Universität für mich. Hätten mehr Frauen in dieser Kleinstadt studiert, wenn es „Magisterin-Abschluss" geheißen hätte? Vielleicht. Aber allein durch die Veränderung der Substantive kann die Einstellung der Menschen nicht geändert werden. Eher sollte es umgekehrt sein, nämlich, dass die Sprache sich ohne die Kontrolle der Sprachpolizei verändert als ein Spiegel der Zeit.

Es gibt den Vorschlag der Endung „y" für eine Berufsbezeichnung. Anstatt „Arzt" oder „Ärztin" zu sagen, wird das Wort „Arzty" benutzt. Der Erfinder dieser Form, der Germanist Thomas Kronschläger, erzählt in einem Interview im „Stern" vom 10.4.2021, dass er nicht der Erfinder dieser Form sei, sondern Hermes Phettberg sie schon seit dreißig Jahren in seinen Kolumnen in der Wiener Wochenzeitung „Falter" verwendet. Kronschläger sagt, es sei präziser, einem Menschen kein Geschlecht zuzuschreiben, als ihn einfach nach irgendwelchen Kategorien einzuteilen.

In der japanischen Sprache gibt es nur ein Wort, „Saibankan", für Richterin und Richter, ein Wort, „Shōnin", für Kauffrau und Kaufmann. Aber die Genderlosigkeit der Sprache hatte leider keinen Einfluss auf die Berufswahl der Frauen. Es gibt in Japan viel weniger Richterinnen und Kauffrauen als im deutschsprachigen Raum. Als die weiblichen Richterinnen noch absolute Ausnahmen waren, wurde sie „Onna-Bengoshi" („Onna" = Frau, „Bengoshi" = Richter) genannt. Heute klingt das Wort gerade wegen der Markierung des Geschlechts ironisch (könnte im besten Fall witzig klingen, wie im Krimi-Titel „Sieben Onna-Bengoshi"), im schlimmsten Fall spöttisch. Das ist der Grund, warum ich die „in"-Endung des Wortes „Schriftstellerin" nie mochte. Aber das ist bloß meine persönliche Empfindung, die von meinem biografischen Hintergrund abhängig ist.

In einem Handbuch zu Gender und Sprache mit dem Titel „Wie schreibe ich divers? Wie spreche ich gendergerecht?" (Lann Hornscheidt / Ja'n Sammla Insel 2021 Hiddensee) werden verschiedene Möglichkeiten, gendergerechter zu sprechen, aufgelistet und erklärt. Aus der Tabelle über die Substantive wollte ich lernen, wie ich das Wort „Schriftsteller" in Bezug auf mich gendergerechter sagen kann. Das Wort „Schriftstellerin" ist schon anstrengend genug auszusprechen, aber das Beispiel auf der Tabelle war viel schlimmer: „Streitschlichterin".

Wer es als Zungenbrecher empfindet, muss schon an dieser Stelle aus dem genderfreien Bus aussteigen. Ich weiß nicht, warum ein Wort, das so selten benutzt wird, hier als Beispiel ausgewählt wurde. Ich unterstelle gerne hinter jedem Beispielsatz in einem Grammatikbuch verdrängte Ängste und Wünsche der Verfasser. Also was steht hinter dieser „Streitschlichterin"? Haben die drei Formen, die auf der Buchseite friedlich nebeneinanderstehen, doch einen Streit vor? Besser schlichten als richten: Wir gehen friedlich fort. Links steht zum Beispiel die konventionelle Form „die Streitschlichterin / der Streitschlichter". In der Mitte steht unter anderem die genderinklusive Form „die*er Streitschlichter*in" und rechts steht die genderfreie Form „Mensch, der Streit schlichtet" und dazu noch die neue Form „dens Streitschlichtens" und „einens Streitschlichtens" (vgl. Hornscheidt/Sammla S.31).

Ich verstehe erst an dieser Stelle, warum das Beispiel „Schriftsteller" nicht funktioniert. Eine genderfreie Umschreibung des Wortes wäre „Mensch, der Schrift stellt". Die Vorstellung, die Schrift zu stellen, gefällt mir. Es geht in diesem Beruf darum, die Schrift hinzustellen, sie als solche zu behandeln, die stehen kann. Ich könnte die Schriftzeichen auf den Boden hinlegen, in der Druckerei setzen lassen, in eine Schiefertafel gravieren, aber ich kann die Schrift auch hinstellen, damit sie ein Bestandteil der Landschaft wird.

Die auf der Tabelle als konventionell bezeichnete Ausdrucksform „die Streitschlichterin / der Streitschlichter" ist für mich schon eine reformierte Form. Ich würde, wenn ich die Zeit zurückdrehen könnte, weiter zurückgehen und nur noch „der Streitschlichter" sagen und damit alle Geschlechter und Gender meinen wollen. Es wäre mir lieber, vor allem könnte ich dadurch vermeiden, dass alle grammatikalisch maskulinen Wörter zunehmend männlich klingen. Aber es ist nicht möglich. Ich könnte eine Uhr zurückdrehen, aber nicht die Zeit.

Die genderinklusive Form mit einem Sternchen hat sich heute im offiziellen Raum erstaunlich schnell verbreitet. „Erstaunlich", weil die Menschen, die eine gewisse Nähe zur Sprache empfinden, jede Veränderung als körperlich schmerzhaft empfinden. Das Wort „daß" nicht mehr mit einem Eszett, sondern mit zwei „s" zu schreiben, war für sie lange inakzeptabel. Die Frage ist, ob ich ein Sternchen, das Wort „Arzty" oder das Pronomen „hen" im eigenen literarischen Text verwenden kann. Mag sein, dass eine der neuen Formen meiner Gender-Ansicht besser entspricht als die konventionelle Form. Denn ich bin schon immer der Meinung gewesen, dass es mehr als zwei Geschlechter gibt und dass ich mich bei keinem von ihnen einsperren lassen will. Aber ich bin mit dem Klang und den Bildern aus Buchstaben emotional verbunden. Die Emotion ist untrennbar von der Erinnerung an die Vergangenheit, und diese ist die Zeit, in der die veralteten Ideologien, die wir nicht mehr akzeptieren können, festsitzen.

An dieser Stelle möchte ich eine Sprechpause machen oder besser: über die Sprechpause als Ausdrucksmittel nachdenken. Die verbreitete genderinklusive Form arbeitet mit dem Sternchen, das beim Sprechen als eine Pause realisiert wird. „Schriftsteller*innen“: Zu denjenigen, die diese Form kritisieren und die Sprechpause als unnatürlich empfinden, wird gesagt, dass eine Sprechpause mitten im Wort sogar ein Bestandteil der deutschen Sprache sei. Zum Beispiel machen wir im Wort „Spiegelei“ automatisch eine Pause.

Ein „Spiegelei“ ohne Pause dazwischen wäre vergleichbar mit einer Schlägerei, in der alles kaputt geschlagen wird. Würde man in einer Schlägerei eine Sprechpause machen und „Schläger-Ei“ sagen, oder meinetwegen auch aus einer Prügelei ein „Prügel-Ei“ braten, dann gäbe es weniger Gewalt. Eine Pause ist ein Friedensangebot ohne Streitschlichter*innen.

Ich sammele Wörter mit Sprechpausen wie „Mandelaugen“, „Pfaueninsel“, „Packesel“ und merke, dass ich bei diesen Wörtern keine richtige Pause mache, sondern nur das Ende der ersten und den Anfang der zweiten Worthälfte nicht verbinde. Im Fall „Packesel“ verbinde ich das „k“ von „Pack“ nicht mit dem „e“ von „Esel“. Diese Nicht-Liaison bei Komposita hat eine ganz andere Funktion als die Sprechpause für Gendervielfallt, nämlich die, zwei Komponenten voneinander zu trennen. Durch die Sprechpause oder das Sternchen beim Wort „Schriftsteller*innen“

wollen wir jedoch nicht „Schriftsteller" vom „Innen" trennen, sondern einen neuen Raum für alle Gender öffnen.

Das Genus der Substantive ist für eine ausländische Zunge eine Krone aus Brennnesseln. Ein Deutschlehrer, den ich hatte, sagte uns im Unterricht, wir sollten uns keine Gedanken über die Artikel machen, sondern sie immer als ein Teil des Wortes von Anfang an akzeptieren. Es ist schwer, sich zu merken, dass die Kugel weiblich, aber der Ball männlich ist. Deshalb sollten wir „die Kugel" wie ein Wort behandeln und niemals eine Kugel nackt, ohne Artikel auf die Zunge nehmen. Der Artikel „die" gibt der Kugel keinen weiblichen Charakter, sondern er ist ein Teil des Wortes „Kugel", wie ein Maschinenteil, das nichts mit der Geschlechtlichkeit zu tun hat. „Diekugel" sollte das Wort heißen.

Ich versuchte, die Methode meines Lehrers anzuwenden, und wiederholte „Diekugel" oder „Diegabel" jedes Mal als ein Wort, aber in meinem Kopf werden automatisch die Artikel als unwichtige Information gelöscht. Um ein Gleichgewicht zwischen dem Artikel und dem Substantiv herzustellen, kürzte ich das letztere und wiederholte das zweisilbige Kunstwort „Diga". Das vollständige Wort „Diegabel" klang dann im Gehirn leise nach. „Derlöffel" wurde nur zur Hälfte in den Mund genommen und „Derlö" ausgesprochen.

Irgendwann habe ich auf einer Internetseite gelesen, dass 34 Prozent der Substantive maskulin und 46 Prozent feminin seien. Ich verbringe die meiste Zeit in meinem Schreibzimmer, daher hatte ich das Gefühl, dass die meisten Wörter maskulin sind. Der Schreibtisch, der Stift, der Stuhl, der Ordner: Ich sah nur Männer im Raum: Männer aus Holz, Männer aus Plastik, Männer aus Papier. Wo sind die Frauen, die 46 Prozent ausmachen? In dem anderen Zimmer nebenan entdecke ich zum Glück eine Frau: die Gardine – und gehe zur Balkontür, öffne sie (ja, weiblich) und sehe meine Gießkanne (auch weiblich). Auf einmal sehe ich nur noch feminine Wörter. Die Pflanze, die Blume, die Mücke: Auf dem Balkon sind mehr Frauen zu finden als im Schreibzimmer.

Ich nehme die Gießkanne in die Hand und denke, die „Kanne“ klingt wie Anne, deshalb ist sie eine Frau, auch die Tonne, die Wanne, die Spinne und die Sonne sind feminin. Anne ist aber eine feine Dame, sie will weder mit einer Mülltonne noch mit einer Giftspinne in einen Sack geworfen werden. Das Genus ist das Kriterium, nach dem alle Wörter in drei Gruppen aufgeteilt werden und es kennt keinen Respekt. Der Präsident, der König, der Millionär: egal wie viel Macht oder Geld sie besitzen, sie sind als Pronomen ein schlichtes „er“ wie ein Hamster.

Ich könnte fast sagen, wer das Genus der Personalpronomen persönlich nimmt, müsste oft beleidigt sein.

Eine seltsame Nuance, die die dritte Person mit sich bringt, habe ich zum ersten Mal mitbekommen, als ich noch neu in Deutschland war und bei einer Hamburger Firma ein Praktikum machte. Diese deutsche Firma exportierte deutschsprachige Bücher ins Ausland, und mein Vater, der in Tokio eine Buchhandlung hatte und von dieser Firma Bücher importierte, besuchte eines Tages die Firma in Hamburg. Er, der Chef der Firma und ich saßen zu dritt am Tisch. Ich übersetzte, was mein Vater sagte, bezeichnete ihn dabei als „er" wie zum Beispiel: „Er sagte, er sei zufrieden mit der Schnelligkeit der Lieferung" oder „Er sagte, er würde in Zukunft mehr Privatkunden bedienen als Universitätsbibliotheken." Fast alle Sätze hatten mindestens eine doppelte Portion vom Pronomen „er". Irgendwann sagte der Chef, es sei unhöflich, in Anwesenheit des betroffenen Menschen von ihm als „er" zu sprechen. Ich habe blitzartig verstanden, dass das Wort „er" die Abwesenheit des bezeichneten Menschen voraussetzt.

Wenn die Person dabei ist, dann wäre es angebrachter, die Funktion oder den Eigennamen zu wiederholen. Sonst klingt es entmündigend. Das Pronomen für die dritte Person versetzt den Betroffenen in eine fiktive oder reale Erinnerung aus der Kindheit, wie die Eltern und die Lehrer über das Kind diskutieren, als wäre es nicht da. Das Kind, die dritte Person, hat nichts zu sagen.

Ein Albtraum wäre, in einer Kommissionssitzung als eine Kandidatin zu sitzen, ohne ein Wort sagen zu dürfen. Es wird immer weiter über „sie" oder über „ihn" diskutiert, als wären sie Objekte. In der Tat sind sie nichts anderes als das Objekt der Diskussion.

Selbst in einem Gespräch unter Freunden wäre es seltsam, wenn die Person A der Person B von der Person C lange und ausführlich erzählen würde, obwohl die Person C auch anwesend ist. Eine kurze Bemerkung wie „C hatte gestern Geburtstag" braucht kein Pronomen. Vielleicht ist ein weiterer Satz „deshalb war er nicht dabei" denkbar, aber noch ein Satz mit dem Pronomen „er" braucht eine Erklärung, warum C nicht selbst von sich erzählt.

Eine deutschsprachige Transperson verlangt nach der Veränderung der dritten Person, sagt aber weiter „ich", weil es nur ein Pronomen für die erste Person Singular gibt. Dass ausgerechnet das Pronomen, das am direktesten das Ich ausdrückt, gleich bleibt, während die dritte Person, die die Abwesenheit des Betroffenen voraussetzt, sein Gender wechselt, ist die Ironie der Grammatik.

In der japanischen Sprache gibt es mehrere Wörter, die „ich" bedeuten. Die meisten Mädchen und Frauen benutzen „atashi" oder „watashi". Jungen und Männer hingegen sagen „boku" oder „ore". Ich erinnere mich, dass es mir unangenehm war, eines dieser Wörter zu benutzen und dass ich deshalb oft subjektlose Sätze gebaut habe, was im Japanischen nicht so schwer ist. Im Notfall habe ich das Wort „kocchi“ (diesseits) benutzt. Anscheinend war ich ein Kind, das sich keinem der Gender zuordnen konnte.

Das Problem, eines der Ich-Wörter verwenden zu müssen, ist im erwachsenen Alter vorbei, weil im erwachsenen Alter das Wort „watashi“ von Frauen und von Männern benutzt wird. Frauen benutzen es auch im privaten Kontext, während die Männer es eher im offiziellen oder beruflichen Kontext benutzen und zu Hause weiter bei „boku“ oder „ore“ bleiben.

Das Pronomen „atashi“ klingt mädchenhaft, wenn es von einem kleinen Mädchen benutzt wird. Wenn es von einer erwachsenen Frau verwendet wird, betont es die Feminität sehr stark. Es gibt auch Satzendungen wie „dawa“ oder „wayo“, die die Feminität betonen. Sie werden spätestens seit den 1950er Jahren nicht mehr oft von den biologischen Frauen benutzt, während ein Teil der Transfrauen und der Schwulen sie als Gendermarkierung einsetzen. Die eine bestimmte Form von Gender-Soziolekt, der die Feminität betont, wird „Onee-kotoba“ bezeichnet. Es gibt auch Männer, die weder Transmänner noch schwul sind, aber diese Sprache benutzen: Die Transvestiten der Sprache, die sich weder nach Damenkostüm noch nach weiblichen Organen sehnen. Es gibt Transmänner und Schwule, die diese Sprache verwenden, aber auch welche, die sie verabscheuen. Obwohl diese Sprache die Feminität betont, ist die Gruppe, die sie am unwahrscheinlichsten in den Mund nimmt, die der biologischen Frauen.

Als Studentin kaufte ich mir ein Buch mit dem Titel „Geschichte der deutschen Sprache", erschienen 1983 beim Verlag „Volk und Wissen" in Ost-Berlin. In diesem Buch sind die Pronomen in „geschlechtige" und „ungeschlechtige Pronomen" aufgeteilt, was früher üblich gewesen zu sein scheint, und unter den „ungeschlechtigen" fand ich die Pronomen „ich" und „du". Unter den „geschlechtigen" war das Angebot viel größer: Allein für das Maskulinum, Nominativ, standen drei Wörter, „er", „her" und „he". Für das Neutrum gab es „es" und „tz", und für das Femininum stehen „si", „sye", „sie", „sù (spr. sü)", „se", „sez", „ir", „er" und „irer".

Die Aufteilung „geschlechtig" und „ungeschlechtig" verstand ich so (und das war sicher ein Missverständnis von mir), dass ich zwei Möglichkeiten hätte, „ich" zu sagen: Wenn ich genderneutral sprechen will, dann verwende ich das „ungeschlechtige" Wort „ich". Wenn ich als Frau oder als Mann sprechen will, kann ich in der dritten Person sprechen und verwende eines der geschlechtigen Pronomen. Mir würde die Freiheit gefallen, von mir gelegentlich in der dritten Person sprechen zu dürfen, und zwar nicht als eine spezielle rhetorische Form, sondern um einfach zwischendurch eine Pause vom „ich" zu machen.

Die konventionelle Tabelle der Grammatik stellt die Pronomen nach Genus, Numerus und Kasus sauber sortiert in verschiedene Kästen. Wieso ist die dritte Person, „sie", das gleiche Wort wie das der dritten Person Plural? Und auch die zweite Person macht in der höflichen Form keinen Unterschied zwischen Singular und Plural, zwar ist die Pluralform großgeschrieben, aber ausgesprochen klingt der kleine Buchstabe genauso laut wie der große.

Das lateinische Alphabet hat zwar wenige Buchstaben im Vergleich zu den chinesischen Schriftzeichen, dennoch kann es nicht sein, dass es nicht ausreicht, um für die dritte Person Singular und Plural zwei unterschiedliche Wörter zu bilden. Wozu diese Sparmaßnahme an einer so wichtigen Stelle? Wenn ich solche Fragen stellte, wurden sie nur, sei es auch positiv gemeint, als Produkt eines fremden Blickes angesehen. Doch Barbara Köhler, mit der ich nicht mehr über die Pronomen diskutieren kann, hinterließ eine Antwort im Kapitel „NAUSIKAA : RAPORT" des schon erwähnten Buches:

„Sie ist viele. Sie sind eins. / Er sagt: Ich bin der ich bin. / Sein name sei Niemand Kapitän / Nemo memoriert sich einen weg / einen sinn aus fünf sinnen er / zählt dass sie nicht zählen da / ich nicht zähle nimmt er mich / aus sich an sich bin ich sein / sein NichtIch wie sie NichtEr wird / in seinem munde ihre namen ge / führt: ..."

(dto. S.22)

Es ist keine direkte Antwort auf meine Frage, aber auf jeden Fall genug lyrischer Stoff, mit dessen Hilfe ich weiterdenken kann. „Sie ist viele. Sie sind eins." Das heißt, dass die weibliche Einzahl „sie" gleichzeitig als Mehrzahl gedacht ist. Sie als Einzelperson war nicht vorgesehen. „Er" hingegen wurde als „ich", als die erste Person Singular vorgesehen.

„Sie" ist sein „NichtIch", und es ist schwieriger, ein NichtIch zu sein als ein Du zu sein. Aber ein NichtIch wird in der Literatur einen weiten Horizont zeichnen. Das Schiff kehrt nicht heim. Die Fahrt des NichtIch hat gerade begonnen. Dieses Kapitel in „Niemands Frau" endet mit den Sätzen: „Sie wird bleiben: sie ist die / Ich sind" (dto. S.23).

Gender als Textilien, Gender als Landschaft

Die dritte Poetikvorlesung

Der Spielfilm „The Danish Girl" (2015 USA/GB) erzählt von einem dänischen Maler, der in den 1920er Jahren an einer geschlechtsangleichenden Operation stirbt. Die Geschichte basiert auf David Ebershoffs Roman mit demselben Titel (2002), und dieser wiederum basiert auf der Lebensgeschichte des Malers Einar Wegener und seiner Frau Gerda. Ich werde den Film und den Roman als eigenständiges künstlerisches Werk behandeln und nicht als Beweismaterialien, durch die ich zu den historischen Fakten zu gelangen versuche.

Gerade als Fiktion bietet „The Danish Girl" spanende Denkbilder, die mit Stofflichkeit zu tun haben. Die Beschäftigung mit sogenannten Frauen-, Migranten- oder postkolonialen Literaturen in den letzten fünfzig Jahren hat gezeigt, dass der Jagd nach dem Gespenst der authentischen Stimme des Betroffenen keine produktive, sondern eher eine spaltende Wirkung haben kann. Ich jage nicht, denn im Wald der Fiktion ist es besser, sich von der Stofflichkeit des Stoffes bezaubern zu lassen, ich meine des Stoffes, aus dem die Kleidung genäht wird, aber auch des Stoffes, aus dem ein Werk geschaffen wird. Der Stoff zieht keine Trennlinie zwischen den Betroffenen und den Nicht-Betroffenen.

Einar Wegener ist ein dänischer Maler, Mitte dreißig, verheiratet mit Gerda, die als Portraitmalerin arbeitet. Neben ihrer Auftragsarbeit sucht sie nach ihrem eigenen künstlerischen Weg, malt Frauen, aber ihr Galerist will ihre Bilder nicht vertreten. Er sei von ihrem Können als Malerin überzeugt, aber sie habe noch nicht das Motiv für ihre Kunst gefunden. Ihr Mann Einar hingegen ist unter den Kennern als Künstler hochgeschätzt, auch wenn er keinen kommerziellen Erfolg hat.

Gerda und Einar kennen sich schon von der Kunsthochschule. Einar erzählt auf einer Party den neugierigen Freunden, dass Gerda beim Kennenlernen den „aktiven" Part gespielt habe. Sie habe ihn „angemacht" und geküsst, nicht umgekehrt. Anscheinend gefiel es Einar, den passiven Part zu spielen. In dieser Szene ist es noch unklar, ob Einars Vorliebe für die Passivität mit einem besonderen Gender-Bild zusammenhängt oder ob er einfach so wie andere charmante Ehemänner gerne seine Frau als die stärkere Hälfte präsentiert.

Auf die Frage, wie der erste Kuss mit Einar gewesen sei, antwortet Gerda, er sei wunderbar gewesen, als hätte sie sich selbst geküsst.

Einar ist nur vier Jahre älter als Gerda. Ich sage „nur", weil der Altersunterschied zwischen der Frau und dem Mann in anderen Filmen über Künstlerpaare, an die ich gerade denke, viel größer ist.

Einer der Filme ist „Frida" (2002 Kanada/Mexiko), der das Leben der mexikanischen Malerin Frida Kahlo darstellt. Sie wurde 1907 geboren und war einundzwanzig Jahre jünger als ihr 1886 geborener Geliebter und Ehemann Diego Rivera. Anders als Gerda ist Frida Kahlo gesundheitlich nicht stabil, aber als Künstlerin beständig. Das Grundmotiv ihrer Kunst ist ihr eigener Körper, der durch einen schweren Unfall geschädigt ist und gleichzeitig mit einer archaischen Natur verbunden bleibt. Beide Frauen haben eine androgyne Ausstrahlung und eine wellenartige Leidenschaft, die gelegentlich übers Ufer der Heterosexualität schwappt. Ihre männlichen Partner unterscheiden sich aber wie Tag und Nacht. Egal wie viel Männlichkeit Frida in sich trug, weicht Diego Rivera keinen Schritt ab vom Selbstbewusstsein eines männlichen Künstlers. Das liegt nicht nur an seiner Überzeugung von der Bedeutung seiner Kunst. Wäre er nicht viel älter als Frida gewesen, hätte er nichts mit ihr anfangen können.

Camille Claudel, die 1864 geboren wurde, war vierundzwanzig Jahre jünger als Auguste Rodin. Sie war nicht nur viel jünger, sondern auch seine Schülerin und später seine Assistentin. Auch der Film „Camille

Claudel" (1988 Frankreich) stellt ein Künstlerpaar dar, bei dem der Altersunterschied den männlichen Part bestärkt hat, im männlichen Gender-Häuschen zu bleiben. Camille hingegen findet kein Häuschen für ihre Künstler-Identität, auch wenn sie ihren eigenen künstlerischen Weg gefunden hat und Rodin inspiriert. Sie verliert ihre psychische Stabilität, während Rodin sich nicht in ihre Lage versetzen kann.

Einar Wegeners Stärke, die Auguste Rodin oder Diego Rivera nicht haben, liegt an seiner Eigenart, das andere Geschlecht in sich spüren und zulassen zu können. Diese Anlage, die damals von einigen Ärzten pathologisiert wurde, sehe ich als Stärke, die aber nichts mit Stabilität zu tun hat.

Gerda bleibt trotz der Geschlechtsumwandlung ihres Mannes körperlich und psychisch durchgehend gesund. Sie versetzt sich in seine Lage, versucht, seine Beweggründe zu verstehen. Sie verliert nicht dadurch ihr Gleichgewicht, als wüsste sie immer, wer sie ist: Sie ist nicht nur eine biologische Frau, die sich als eine Frau versteht und einen männlichen Partner braucht. Ihr ist das Verbunden-Sein mit der Person, die einst ihr Ehemann war, weiter wichtig, auch wenn er nicht mehr ein Mann ist. In ihren Augen gibt es eine Kontinuität zwischen Einar und der späteren Lili, die Lili nicht zugeben will. „Es war Einar, nicht ich", erwidert Lili einmal, und Gerda kann das nicht verstehen: Sie sieht in der eigenen Person eine Kontinuität, deshalb sieht sie auch sich gegenüber einem Menschen, den sie kennt, auch wenn er jetzt eine Frau ist, die Lili heißt. Sie versteht nicht, warum er das alte Ich töten muss, um ein neues Ich zu sein.

Einar fühlt sich keineswegs bedroht, wenn Gerda ihn malt und mit diesen Bildern rasante Karriere macht. Er scheint sogar eine große Freude daran zu finden, als Frau verkleidet von Gerda gemalt und bewundert zu werden. Gerdas neue Bilder begeistern sofort ihren Galeristen. Er sagt, diese Bilder werden ihr Publikum finden. Mit dem „Publikum" wurde hier nicht etwa die Community der Transvestiten oder die der Transmenschen gemeint. Das „Publikum" merkt nicht einmal, dass es sich um einen Mann handelt.

Gerda malt, bewegt ihren Pinsel kräftig, als würde sie neue Kanäle graben und bohren. Ihre Gefühle und ihr Begehren spiegeln die ihres Mannes, der als eine Frau vor ihr sitzt, und fließen in neue Richtungen mit unerwarteten Kurven. Gerda sieht manchmal mehr als das Modell selbst und zeichnet den Weg im Voraus, wo es hingehen will und wird. Als Privatperson will sie nicht ihren Ehemann verlieren, aber der Drang ihres Pinsels ist stärker, und die Kunst kennt keine Angst vor Verlust.

Zuerst weiß Einar auch nicht, wohin und wie weit das Spiel sich entwickelt. So lange wie sein Umgang mit der Transformation spielerisch bleibt, fühlen sie sich beide amüsiert, inspiriert, erstaunt und keineswegs beunruhigt. Langsam verselbständigt sich die Transformation und schreibt ihren eigenen Weg, wie die Kunst, und entwickelt sich so weit, dass die beiden beteiligten Menschen sie nicht mehr kontrollieren können. Wer war das Subjekt dieses Spiels?

Was für ein Maler war Einar Wegener gewesen, bevor die Reise der Transformation begann?

In einer Szene im Film sagt er, dass seine Bilder für das Publikum zu introvertiert seien. Er scheint nicht darüber enttäuscht zu sein. Die Fjordlandschaften, die er malt, wirken nach innen gekehrt, jedoch nicht verschlossen. Die Landschaften sind offen für alle, ich halte aber den Atem an, bleibe kurz vor ihnen stehen und betrete sie nicht sofort – aus Respekt vor etwas, das sehr persönlich und zerbrechlich ist. Wenn ich sie betrachte, werde ich erschüttert; ich schäme mich fast, als hätte ich eine Seelenlandschaft, die niemand sehen darf, zufällig gesehen. Dafür möchte ich mich fast entschuldigen. Das Zittern der Äste und Blätter von Bäumen spricht direkt meine Nerven und Sehnen im Körper an, es ist ein Portrait, es ist ein Spiegel.

Auf dem Bild ist kein Mensch zu sehen. Die Häuser sind winzig im Vergleich zu den Bäumen. Ein fließender Übergang vom festen Boden zum Wasser spiegelt die Bäume, die auf dem schmalen Pfad nebeneinanderstehen. Sensible Äste und Zweige ohne

Blätter wachsen wie ein Nervensystem in den Himmel hinein.

Einar malte die Landschaften der alten süddänischen Hafenstadt Vejle, wo er herkam. Der Ort hatte schon längst seine Bedeutung als Handelsstadt verloren. Der Maler kann sich, egal ob er sich in Kopenhagen oder in Paris befindet, genau an diese Seelandschaft erinnern, bis er aufhört, Einar Wegener zu sein. Zuerst war ich betroffen von der Vorstellung, dass er nach der Geschlechtsumwandelung sich von seiner Kindheitserinnerung trennen musste. Aber vielleicht ging es eher darum, dass diese Landschaft ein Gender verkörperte, nach dem er gesucht hatte. Das Gender im Kunstwerk lässt sich nicht einfach einem benennbaren Gender zuordnen. Es ist so vielschichtig, dass ein Mensch es leben kann. In dem Moment, in dem der Maler die Identität als Frau gefunden hat, brauchte er diese Landschaft nicht mehr – denkt er zumindest. Nach seinem Tod besucht Gerda diese Landschaft zum ersten Mal.

Ein Wind nimmt ihr das Halstuch, das Einar ihr einst schenkte, weg. Es fliegt hoch in die Luft und dieser Flug tröstet Gerda. Ich möchte dieses Halstuch nicht voreilig als Lilis Seele verstehen. Von einer Seele ist hier nicht die Rede, die Filmsprache hat eine andere Grammatik: Das wichtige Motiv muss durchdekliniert werden und das sind die Textilien, die am Anfang als Kleid auftauchen und am Ende als Halstuch wegfliegen.

Es begann mit einer Notsituation, in der Gerdas weibliches Modell Anna ausblieb und Einar ihre Rolle übernimmt. Um seiner Frau zu helfen, zieht er Damenstrümpfe und Ballerinas an, setzt sich schräg auf das Sofa und hält ein Ballettkostüm an die Vorderseite seines Körpers.

Im Film wird kurz sein Schienbein gezeigt, dessen Haare durch den Stoff des Strumpfs durchscheinen. Im Roman, auf dem der Film basiert, kommentiert Gerda diese Haare, auf die sie zum ersten Mal aufmerksam wird: „Gut, dass du nicht viel Haare an den Beinen hast" (David Ebershoff (deutsche Übersetzung von Werner Schmitz), „Das dänische Mädchen", 2016 München, S.12). Einar nimmt erstaunt seine eigenen Füße und Beine wahr. „Seine Waden, dachte er plötzlich, sahen recht wohlgeformt aus" (dto.). Sein Blick prüft vorsichtig, ob sein Körper als ein Frauenkörper akzeptabel ist. Alles, was er explizit als männlich empfindet, will er am liebsten nicht wahrhaben: „Als Einar nun auf der Truhe stand, war ihm recht unbehaglich zu Mute. Er sah auf seine Schienbeine hinab, um die sich die Seide spannte, nur dort nicht, wo ein paar Härchen hervorstachen wie die winzigen harten Fasern an einer Bohne" (dto. S.15).

Während Gerda mit der Situation pragmatisch umgeht, wächst in Einar ein Schamgefühl. Dieses im Roman ausführlich beschriebene Gefühl wird im Film nicht benannt und hinterlässt einen verschwommenen Eindruck zwischen Verlegenheit und Schüchternheit.

Im Roman bittet Gerda ihren Mann, das Kleid richtig anzuziehen, damit sie den Saum vor den Knien malen kann. Er spürt allein durch das Wort „Kleid" Hitze im Magen, der gleich ein heftiges Schamgefühl folgt. Dass eines seiner inneren Organe auf ein einziges Wort so stark reagiert, kann in einem Film ohne Erzählerstimme schwer dargestellt werden.

Einar bittet Gerda, niemandem von seiner „Verkleidung" zu erzählen. Er fühlt sich vom Kleid „angezogen", wie die Doppeldeutigkeit des Wortes uns verrät. Sein Schamgefühl kommt schon beim Umziehen: Er empfindet es als unanständig, ohne Hemd vor seiner Frau zu stehen.

Durch die Berührung mit dem weichen, seidigen Stoff des Kostüms geschieht eine große Veränderung im Leben von Einar Wegener. Im Roman wird der Moment folgendermaßen beschrieben:

„Einar konnte nur noch an die Seide an seiner Haut denken, die ihn einhüllte wie ein Verband. Ja, so fühlte es sich an, dieses erste Mal: Die Seide war so fein und luftig, sie fühlte sich an wie Gaze – in Balsam getränkte Gaze, sanft auf heilende Haut gelegt. Es war ihm nicht einmal mehr peinlich, so vor seiner Frau zu stehen, denn sie malte mit einer Konzentration, wie er sie nie an ihr erlebt hatte. Einar glitt in eine Schattenwelt aus Träumen, in der Annas Kleid jedem gehören konnte, sogar ihm" (dto. S.20).

Die Seide erinnert an die in Balsam getränkte Gaze: es geht um eine Verletzung. Die Textilien berühren sie sanft, heilen sie zwar nicht, erwecken aber Kraft für eine Transformation. Die Schattenwelt der Träume erreicht durch Gemälde die Öffentlichkeit. Egal, in welcher Form die Transaktion gelingt, wird eine unsichtbare Wunde bleiben.

Es gibt relativ am Anfang des Filmes eine Szene, in der Gerda das Portrait von einem imposanten Mann mit Bart im Anzug malt. Offensichtlich handelt es sich um eine Auftragsarbeit, durch die Gerda ihren Lebensunterhalt verdient. Für den Mann scheint es äußerst unangenehm zu sein, von einer Frau betrachtet und abgebildet zu werden. Mit seiner Frage, ob Gerdas Ehemann einverstanden sei, dass sie sich mit dem Auftraggeber allein im Zimmer befinde, versucht er, die konventionelle Gender-Rolle zurückzugewinnen und seine Verunsicherung zu überspielen. Für diesen Mann sollte der weibliche Körper von den Männern bewundert und abgebildet werden, aber niemals umgekehrt. Einar hingegen liebte es, wenn seine Frau seinen Körper betrachtete, bewunderte und abbildete. Er glaubt langsam, im Bild, in dem er als Frau zu sehen ist, seine Zukunft gefunden zu haben. Später sagt er zu Gerda, dass ihre Bilder ihm immer einen Schritt voraus gewesen seien. Sie konnte ihn durch ihre künstlerische Intuition und Liebe zu ihm so malen, wie er sein wollte und sein wird.

Eines Tages geht Einar als Frau verkleidet zusammen mit Gerda auf eine Party. Gerda stellt ihn den Freunden als Cousine Lili vor. Seitdem heißt diese Frau, die zuerst in Wirklichkeit nicht existiert, „Lili". Für Einar ist es ein Spiel, und Gerda spielt aktiv mit. Die Frage, ob ihr Engagement von ihrem künstlerischen Experimentiergeist kommt oder vielleicht von ihrer versteckten Bisexualität oder nur von ihrer schwesterlichen Liebe, die Einar glücklich sehen will, bleibt offen.

Lili ist eine fiktive Figur, ein gemeinsames Werk des Künstlerpaars. Es ist nicht neu, dass die Kunst ein neues Wesen in die Welt setzt, meistens als Gemälde, Zeichnung oder Skulptur. In diesem Fall nimmt die Kunst den biologischen Körper eines Menschen als Materie. Es beginnt als ein Spiel, das sich zu etwas entwickelt, was ich als Kunstprojekt bezeichnen würde. Die Künstlerin will an einem bestimmten Punkt das „Projekt" beenden, weil es ihr reales Leben bedroht, während der Künstler nicht mehr damit aufhören kann, weil er schon längst ein Teil dieses Kunstwerks geworden ist.

Ich frage mich, warum Lili im Unterschied zu Einar keine Künstlerin sein kann. Lili malt keine Bilder, sie beschäftigt sich mit dem eigenen Körper, als wäre er ihr Werk. Anders als der introvertierte Künstler, wie Einar es gewesen ist, interessiert sich Lili nicht für die Kunst, sondern für die Wirkung ihres eigenen Körpers auf die Männer.

Hätte es nicht Gerda gegeben, wäre Einar vielleicht ein Leben lang ein männlicher Maler geblieben, der seine Sehnsucht nach einem unbekannten Gender als Landschaften dargestellt hätte.

Es war ein Zufall, dass Anna als Modell fehlte und Einar das Damenkleid anprobierte. Aber es war kein Zufall, dass Gerda immer mehr Bilder von Lili malte. Ihr Erfolg mit den neuen Bildern führt das Ehepaar von Kopenhagen nach Paris. Niemand weiß, wer das Modell dieser Bilder ist. Für Einar ist Lili eine Entdeckung, für Gerda eine Erfindung. Genauer gesagt hat nicht Gerda Lili erfunden, sondern Lili hat Gerda zur Künstlerin gemacht.

Gerda ist eine Frau mit verborgenen Wünschen; sie ist eine Frau, die einen Mann, aber vielleicht auch eine Frau begehrt; sie ist eine Frau, die eine Frau in einem Mann sucht. Sie ist eine Frau, die einen Mann versteht, der eine Frau werden will. Sie ist eine Frau, die einen Mann liebt, der keiner ist. Ihre Gender-Identität, oder besser „Identitäten", sind so fließend und vielschichtig, dass bis jetzt keine Bezeichnung für sie gefunden wurde. Auf keinen Fall kann ich Gerda einfach als „Cisgender" oder „Hetero" bezeichnen. Es muss sehr schwierig gewesen sein, eine Schauspielerin zu finden, die Gerda spielen kann. Diese muss eine genauso komplexe und rätselhafte Gender-Identität haben wie Einar, für die es aber nicht einmal einen Namen gibt. Seltsamerweise gab es aber keine Kritik daran, dass die Schauspielerin Alicia Vikander die Rolle der Malerin gespielt hat. Hingegen wurde Eddie Redmayne dafür kritisiert, als Nicht-Transmann die Rolle von Lili gespielt zu haben. Der Schauspieler sagte sogar später in Interviews, dass er es bereue, die Rolle einer Transperson als Nicht-Transperson gespielt zu haben. Als Entschuldigung erklärte er, dass es nur an einem Schauspielermangel gelegen habe.

Jeder Mensch ist eine einmalige Komposition aus verschiedenen Gender-Fragmenten und sexuellen Traumrichtungen. Daher wäre es sowieso nicht möglich gewesen, einen Schauspieler zu finden, der genau dieselbe Identität wie die Figur hat. Die Behauptung, dass nur eine Transperson die Rolle der Lili spielen solle, wäre vergleichbar mit der absurden Meinung, dass nur japanisch-stämmige Sängerinnen Madame Butterfly spielen dürfen. Ob eine Schauspielerin oder ein Schauspieler für die Rolle geeignet ist oder nicht, darf nicht auf Grund ihres Gender oder ihrer Rasse entschieden werden.

Wir können die „Betroffene", also Lili, nicht fragen, ob sie überhaupt mit dem Begriff „Transfrau" einverstanden wäre. Vielleicht fände sie ihn inakzeptabel, und wir bezeichnen sie als solche, weil wir nur in unserem historischen Kontext denken können. Lili wollte als Frau leben, aber nicht als Transperson, denn diese Option gab es damals nicht. Wenn wir

Lili fragen würden, würde sie sagen, dass sie keine Transfrau, sondern eine Frau sei. Vielleicht sollte nach seinem Wunsch eine biologisch weibliche Schauspielerin ihre Rolle spielen. Aber das wäre auch nur eine Option unter vielen. Die Literatur, das Theater oder der Film sind schon immer ein Sondergebiet gewesen, an dem die Gender-Grenzen leichter überschritten werden können als im realen Leben. Dort kann ein Hetero-Mann eine lesbische Frau sein oder beides gleichzeitig. Wozu sollten wir gerade in diesem kostbaren Gebiet der Freiheit die Regel der Identitätspolitik einführen?

Im ersten Buch meiner japanisch-sprachigen Trilogie „Chikyū ni chiribamerarete („Verstreut über die Erde", Tokio 2018) ist der Erzähler ein junger dänischer Linguist. Die „Ich"-Stimme im ersten Kapitel ist männlich und dänisch. Habe ich überhaupt das Recht, als heterosexueller Däne, also aus der Perspektive von einem „danish boy" zu sprechen? Ich bin fest davon überzeugt, dass ich das darf. Ich habe kein Problem, wenn ein dänischer, schwuler Sänger die Rolle der Madame Butterfly spielen würde. Wichtig ist, dass er hohe Töne treffen kann.

In Bezug auf die Oper ist im Roman „Das dänische Mädchen" ein interessanter Gedanke von Einar geschildert. Anna ist eine Opernsängerin, die Gerda Modell stehen soll, aber oft fehlt. Einar will nicht, dass Anna von seiner Verkleidung erfährt, und bittet

Gerda, ihr das nicht zu erzählen. Nun überlegt er es sich anders und denkt: „Anna war Opernsängerin. Sie war den Anblick von Männern in Frauenkleidern gewöhnt. Und umgekehrt: die Hosenrolle. Die älteste Täuschung der Welt. Und auf der Opernbühne bedeutete es ganz und gar nichts – nur Verwirrung, eine Verwirrung, die jedes Mal im letzten Akt aufgelöst wird" (Ebershoff, S.12-13).

Einars Geschlechtsumwandelung ist, bis er von der Idee der geschlechtsangleichenden Operation besessen wird, ein Spiel – ein Schauspiel. Mit Neugierde und Vergnügen versucht er, fremde Körperbewegungen zu erlernen, als würde er eine Ausbildung als Frau machen. In meiner Lieblingsszene im Film ahmt Einar heimlich die Fingerbewegungen einer Frau nach, die auf einem Fischmarkt arbeitet. Sie hat nichts von der Eleganz, die Lili in einem Salon gebrauchen könnte. Der soziale Unterschied ist hier eindeutig größer als der geschlechtliche, dennoch glaubt Lili, dass es eine Grammatik des weiblichen Gender gäbe, die alle „biologischen" Frauen von Natur aus beherrschen.

Nebenbei bemerkt wird in dieser Szene ein Fisch gezeigt, dessen weißer Bauch mit einem Messer aufgeschnitten wird. Ein sehr kurzes, brutales Bild, an das ich mich nicht mehr erinnert hätte, wenn Lilis Körper später nicht unter dem Operationsmesser gelegen hätte.

Der Fischmarkt ist nicht die einzige Schule, wo Einar die Körpersprache des anderen Gender studieren kann. Er besucht ein Bordell und ahmt autoerotische Bewegungen einer Frau, die die Erotik professionell produziert, nach. In dieser Szene geht es im Unterschied zur Fischmarkt-Szene um eine erlernte Erotik. Es spielt keine wesentliche Rolle mehr, ob die erotische Frau eine biologische Frau ist oder nicht. Lili blickt auf sie, als wäre sie ein Spiegel.

Laut der Homepage der Magnus-Hirschfeld-Gesellschaft war Lili Elbe – anders als im Film dargestellt –, nicht die erste Person, die sich einer geschlechtsangleichenden Operation unterzog, und Hirschfeld war nicht ihr Operateur, sondern Berater. Im Film bekommt der deutsche Arzt aus Dresden, der Lili operiert, viel mehr Bedeutung als ein Arzt gewöhnlich hat. Nach der langen, vergeblichen Suche nach einem Arzt, der Lili von ihrer Depression retten kann, findet Lili endlich einen Mann, der sie nicht nur zu einer Frau machen kann, sondern ihren idealen Partner verkörpert. Sie sagt zu ihm: Wenn sie eine richtige Frau geworden ist, dann möchte sie einen Mann heiraten, der genauso aussieht wie er.

Aus der heutigen Sicht ist es einfach, den Pionier der Sexualwissenschaft Magnus Hirschfeld wegen der einen oder anderen Äußerung zu kritisieren, aber seine Ansicht, dass jeder Mensch eine einmalige Mischung aus Geschlechtern sei, finde ich fortschrittlich, und zwar nicht nur für seine Zeit, sondern auch aus heutiger Sicht. Jede Zwischenstufe zwischen Frau und Mann ist eine Realität. Hirschfeld wollte sie vor Vorurteilen und Gewalt schützen. Nicht aus Mitleid, auch nicht aus „Toleranz", sondern weil es wissenschaftlich gesehen keinen Grund gibt, sie zu bestrafen. Das Motto, das er für seine Schrift „Berlins drittes Geschlecht: Das homosexuelle Leben um das Jahr 1900" wählte, lautet: „Die große Überwinderin aller Vorurteile ist nicht die Humanität, sondern die Wissenschaft."

Was er in diesem Text als drittes Geschlecht bezeichnet, sind in erster Linie Schwule, aber manche Beschreibungen, wie die folgende, passen auch zu Transpersonen.

„Wer gut unterrichtet ist, bemerkt auf den Straßen, in den Lokalen Berlins bald nicht nur Männer und Frauen im landläufigen Sinn, sondern vielfach auch Personen, die von diesen in ihrem Benehmen, oft sogar in ihrem Äußeren verschieden sind, so daß man geradezu neben dem männlichen und weiblichen von einem dritten Geschlecht gesprochen hat." (Magnus Hirschfeld „Berlins drittes Geschlecht. Das homosexuelle Leben um das Jahr 1900. 2008 e-artnow, S.12)

Er glaubt, es sei besser, den Begriff des „dritten Geschlechtes" zu benutzen als die Bezeichnung „Homosexuelle", die klischeehaft besetzt sei.

„Die Leichtigkeit, in einer Stadt von 2,5 Millionen Einwohnern unsichtbar zu versinken, unterstützt sehr jene Spaltung der Persönlichkeit, wie sie auch auf sexuellen Gebieten so häufig vorkommt. Der Berufsmensch und der Geschlechtsmensch, der Tag- und Nachtmensch sind oft zwei grundverschiedene Persönlichkeiten in einem Körper, der eine stolz und ehrbar, sehr vornehm und gewissenhaft, der andere von allem das Gegenteil. Das gilt für Homosexuelle ebenso wie für Normalsexuelle. Ich kannte einen urnischen Rechtsanwalt, der, wenn er abends sein Büro im Potsdamer Viertel oder die Gesellschaft seiner Kreise verlassen hatte, seine Stammkneipe im südlichen Teil der Friedrichstadt aufsuchte, eine Kaschemme, in der er mit dem Revolverheini, dem Schlächterherrmann, dem Amerikafranzi, dem tollen Hunde und anderen Berliner Apachen die halben Nächte spielend, trinkend und lärmend verbrachte." (dto. S.13)

Die Spaltung der Persönlichkeit, von der Hirschfeld spricht, trifft den Zustand von Einar Wegener in seiner ersten Phase: In ihm lebten zwei Menschen: Lili und Einar. Hirschfeld sieht die Ursache für Persönlichkeitsspaltung darin, dass es in einer Großstadt möglich ist, verschiedene Bedürfnisse auszuleben, ein Doppelleben zu führen.

Aber für Einar Wegener wäre es in seinem kleinen Heimatort nicht möglich gewesen, gelegentlich als Lili auszugehen.

An dieser Stelle mache ich einen großen Sprung von Europa nach Japan. Gleichzeitig springe ich aus den 1920er Jahren in die Gegenwart, bleibe aber weiter auf der Spur der Gender-Textilien und Gender-Landschaften.

Es gibt ein japanisches Verb, „haoru", es bedeutet, sich eine Jacke oder ein Tuch auf die Schultern zu legen. Ein starker Wind könnte den Stoff leicht mitnehmen und in der Luft tanzen lassen.

Das Wort „haoru" kann vollständig in der phonetischen Schrift geschrieben werden oder es kann mit zwei Ideogrammen geschrieben werden. Das Zeichen für „ha" bedeutet Feder oder Flügel, und das Verb „oru" bedeutet weben – damit sind wir wieder bei den Textilien.

Wenn der Ärmel sehr breit geschnitten ist wie bei der Kimono-Jacke „Haori" (und diese Bezeichnung steht schon in direkter Verbindung mit dem Verb „haoru"), kann das Verb „haoru" benutzt werden, selbst wenn die Jacke richtig angezogen und nicht nur umgehängt wird. Für den Zaubermantel von Harry Potter würde ich auch dieses Wort verwenden. Die alten Helden wie Superman oder Batman haben übrigens auch einen Mantel, der ihnen anscheinend übermenschliche Fähigkeiten verleiht.

Ein anderes Verb im Japanischen, das eine ähnliche Bedeutung hat, ist „matou".

Von der 1991 geborenen japanischen Lyrikerin Fuzuki Yumi gibt es ein Gedicht mit dem Titel „Sora o matou". Dieser Titel, der aus einem Satz besteht, bedeutet, dass sich eine Person den Himmel umhängt. Wer kann sich aber den Himmel wie einen Mantel umhängen?

Ein „Ich" steht auf dem Balkon in der Abenddämmerung und sammelt die Wäsche, die tagsüber durch die Sonne getrocknet und gewärmt worden ist. In der Ferne sieht es zwei Hügel und stellt sich vor, dass die Hügel ihre „mune" (Brüste oder die Brust) schützen. Wie können die Hügel aber ein Körperteil „schützen"? Ich stelle mir vor, dass die Person wie ein mythologischer Riese auf der Erde liegt. Über ihren Brüsten befinden sich zwei Hügel. Außerdem sind dort zwei Flüsse zu sehen, die eine fließende Hose bilden und ihre Beine schützen. Die Person zieht die Landschaft an, als wäre sie ein Kostüm. Flüsse und Hügel sind im Unterschied zu den meisten Kleidungsstücken genderfrei.

Ich und wahrscheinlich auch die Mehrheit der Leserschaft dieses Gedichtes denken automatisch, dass diese Person eine Frau sei, weil die Dichterin eine Frau ist. Es passt auch gut zu einem Gender-Klischee, dass die Männer ihre Körper außer durch Rüstung in einem Kampf nicht schützen wollen. Aber in diesem Gedicht steht nicht explizit, dass die Person eine Frau ist. Also lege ich ihr Gender nicht fest und bezeichne sie weiter als Person.

Sie steht auf dem Balkon, nimmt die Wäsche von der Leine und vergleicht sie mit den Hüllen der

Zikaden. Nachdem sie sich gemausert haben, hinterlassen sie die alte Hülle am Zweig. Anders als Zikaden lässt die Person aber ihre alten Hüllen, die Wäsche, nicht hinter sich. Sie wäscht sie, trocknet sie und sammelt sie sorgfältig wieder ein.

Anders als in Deutschland sind Zikaden im japanischen Sommer sehr präsent. Denke ich an die unerträgliche Hitze im August, höre ich schon das laute Zirpen, bei dem ich denke, nur Maschinen könnten solchen Lärm produzieren. Und die Menschen dulden die Foltermusik der Sonderlinge aus Mitleid, weil sie als Raupen mehrere Jahre unter der Erde verbringen und nur die letzten Tage ihres Lebens im Sommerlicht musizieren dürfen. Das Ausschlüpfen aus der alten Raupenhülle ist ein dramatischer Akt, es ist ein „Coming-out" der Insekten. Zu ihrem Leben gehört einfach diese dramatische Transformation, die für uns Säugetiere nicht selbstverständlich ist.

In Deutschland sind die Zikaden nicht so penetrant, und in Norddeutschland sind sie selten zu finden, dafür aber die Redewendung „sich in der eigenen Haut nicht wohl fühlen". Wenn ich eine deutschsprachige Zikade wäre, würde ich sagen: „Ich habe mich in der eigenen Haut nicht mehr wohl gefühlt", denn als Raupe fühlt sich die alte Hülle richtig an. Weil ich gewachsen bin, muss ich aus ihr herauskommen, und merke dabei, dass ich Flügel besitze. Sie ermöglichen mir zu fliegen und zu musizieren, zeigen aber auch, dass meine Tage gezählt sind.

Als Mensch habe ich zum Glück ein etwas längeres Leben als eine Zikade. Ich würde mir Zeit nehmen, um die alten Hüllen zu sammeln, waschen, trocknen und genauer zu betrachten.

Die Person im Gedicht steht auf dem Balkon, während sich der Horizont rot wie ein Stoff färbt. Die Abendsonne bildet Flügel, und sie stellt sich vor, mit ihnen zu fliegen. Am Ende der Strophe äußert sie den Wunsch, wie ein Gewand eine noch nicht gesehene Person zu umhüllen.

„Ano hito wa watashi o tsutsumikonde kureru" (Dieser Mensch umhüllt mich) ist ein Ausdruck, der häufig verwendet wird, um die Weitherzigkeit eines Menschen persönlich zu schildern. Ein Stoff, der noch nicht zu einem Damenkleid oder Herrenanzug geschnitten ist, lässt mehr Raum zwischen dem Körper und der Hülle. Es ist sicher kein Zufall, dass die Menschen manchmal weit geschnittene Kleidung tragen, wenn sie auf der Suche nach einem neuen Gender sind.

Der alte japanische Ausdruck, „amagake", der in diesem Gedicht benutzt wird, gehört nicht zur Alltagssprache. Er bedeutet „in den Himmel fliegen" und erinnert sofort an die Geschichte einer Himmelsfrau aus der ostasiatischen Mythologie.

Die Geschichte erzählt von einem Fischer, der am Ast einer Kiefer ein glitzerndes Gewand findet, das eine überirdische Schönheit ausstrahlt. Er will es mitnehmen, aber in dem Moment erscheint eine Himmelsfrau und bittet ihn, es ihr zurückzugeben. Trotz des Unwillens, der sich fast wie Trennungsschmerz anfühlt, gibt ihr der Fischer das Gewand zurück. Aus Dankbarkeit tanzt sie für ihn. Das ist die erste Version der Geschichte, die seit dem 15. Jahrhundert bis heute im traditionellen Nō-Theater mit dem Titel „Hagoromo" (Das Federgewand) aufgeführt wird. In der zweiten Version, in der Märchen-Version mit den Titeln „Ama no hagoromo" (Das Federgewand des Himmels) oder „Tennin-nyōbō" (Die Himmelsfrau als Ehefrau) versteckt der Fischer das Gewand und erzählt der Himmelsfrau nicht, dass er es gefunden hat. Die Himmelsfrau, die ohne das Gewand nicht mehr zum Himmel zurückfliegen kann, heiratet ihn. Sie ist glücklich im Leben mit dem armen Fischer, aber eines Tages entdeckt sie das Gewand, das er versteckt hat, und verlässt ihn auf der Stelle.

Die Freiheit, die das Gewand verspricht, hat keinen Platz im Leben der Sterblichen. Himmelsfrauen (Ten-nyo) sind Bewohnerinnen einer anderen Sphäre, die so weit von unserer entfernt ist wie das Reich der Toten. Ich denke an die Schlussszene des Filmes „The Danish Girl", in der das Halstuch wie ein Habicht oder wie eine Himmelsfrau erstaunlich hoch in der Luft fliegt. Gerda konnte es nicht bei sich behalten, sieht aber in dem Moment ein, dass diese Freiheit zu seinem Wesen gehört.

Der Grund für Lilis Tod war die geschlechtsangleichende Operation, die damals noch lebensgefährlich war. Lili hat insofern zu ihrem eigenen Tod beigetragen. Zwischen der ersten Operation, in der die männlichen Geschlechtsorgane entfernt wurden, und der zweiten, in der die weiblichen Organe eingebaut werden, hätte genug zeitlicher Abstand sein müssen, damit sich der Körper von dem schweren Eingriff erholen kann. Lili war ungeduldig, wie getrieben von einem unerklärbaren Drang. Trotz der ärztlichen Warnung und Gerdas Sorgen konnte Lili nicht länger abwarten. Also war sie nicht nur mutig, sondern ihre heftige Begierde, sich aus dem jetzigen Körper zu befreien, grenzte an den Todestrieb.

Zurück zum Motiv der Gender-Gewänder. Es gibt ein weiteres Nō-Theaterstück, das ich unbedingt hier erwähnen möchte: „Izutsu“ (Der Brunnen). Die Hauptfigur ist die Tochter von Ki-no-Aritsune, die als Kind mit dem Ariwara-no-Narihira am Brunnen gespielt hat. Der Mann ist eine historische Figur aus dem 9. Jahrhundert. Dank eines Prosawerkes, „Ise Monogatari“ (10. Jahrhundert), glauben wir genau zu wissen, dass er viele Liebschaften hatte. Trotz seiner Seitensprünge gelingt der Frau immer wieder, ihn emotional an sich zu binden. In diesem Nō-Theaterstück ist es der Geist der Frau, die das Gewand des Mannes anzieht und tanzt, um ihre Leidenschaft und Sehnsucht auszudrücken. Dann schaut sie in den Brunnen und sieht den Mann im Wasserspiegel.

Sie ist kein Transmann, ihr Wunsch ist nicht, selbst ein Mann zu werden. Aber durch den Tanz,

Izutsu

den wir uns ohne das Gewand nicht vorstellen können, findet eine Transformation statt, die der Sehnsucht zugrunde liegt. Der Wunsch, jemanden zu haben, geht über zum Jemand-Sein.

Auf der Theaterbühne findet übrigens eine zweifache Transformation statt. Im Nō-Theater werden genau wie im Kabuki-Theater die Frauenrollen von männlichen Schauspielern gespielt. In „Izutsu" spielt ein Mann die Rolle einer Frau, die sich in einen Mann verwandelt.

Der enge Zusammenhang zwischen der Geschlechtsumwandlung und der alten Theaterkunst lässt sich durch ihren Ursprung als Ritual erklären, in dem ein Kontakt mit den Göttern gesucht wurde. Die Überschreitung der geschlechtlichen Grenzen galt als Beweis, dass die Person diesen Kontakt gehabt hat.

Lili Elbe im Film und im Roman ist eine fiktive Figur, die auf einer historischen Figur basiert. Historische Recherchen über Lili Elbe wären sicher interessant gewesen, aber ich arbeite ausschließlich über sie als fiktive Figur, was heutzutage besonders im Bereich der Gender-Debatte unzeitgemäß erscheinen mag. Die Vielfalt des Gender wurde bereits lange bevor die Buchstaben LGBTQ eine Bedeutung gewannen in vielen Kulturen dargestellt und ausgelebt. Wenn

Aktuelle Schuluniformen in Japan

wir uns von der klassischen Kultur distanzieren und auf die angeblich die Realität abbildenden Medien fixieren, besteht die Gefahr, dass die Debatte als eine der vielen Generationenkonflikte abgetan wird.

Im japanischen Roman „School Girl" (2022) von Kudan Rie wird ein Generationenkonflikt beschrieben zwischen der 14-jährigen Tochter, die über den Klimawandel und andere politische Probleme erstaunlich gut informiert ist, und der Mutter, die viel Zeit mit der Lektüre von Romanen verbringt. Die Tochter verachtet die Mutter und fragt sich, warum diese ihre Zeit verschwendet, um Fiktion, also was der Realität nicht entspricht, zu lesen. Die Welt sei voller Probleme, die Tochter will sich informieren und handeln. Die Mutter versucht, der Tochter die Bedeutung der Literatur zu erklären, sehr ungeschickt, weil sie das bis jetzt nicht musste. Sie wirkt verunsichert und steht zwischen ihrem Psychotherapeuten, der noch nie von Greta Thunberg gehört hat, und der Tochter, die knapp fünf Minuten braucht, um sich im Internet über Sigmund Freud „vollständig" zu informieren.

Zurück zu der Stofflichkeit, die sich als Gewand, Abendkleid, Theaterkostüm oder Schuluniform zeigt und unsere Gender-Empfindungen durcheinanderbringt, aber am Ende doch auch sensibilisiert.

Als Kind hatte ich Probleme mit der Schuluniform, die ich ab der siebten Klasse drei Jahre lang

tragen musste. Mich störte, dass wir dadurch optisch in zwei Gruppen aufgeteilt wurden. Ich fühlte mich nicht den Mädchen, aber auch nicht den Jungen zugehörig. Es ist interessant, dass mich der äußere Zwang viel mehr störte als die Erwartung, wie ein Mädchen sein sollte. Damals gab es in Japan eine noch stärkere Rollenverteilung zwischen Frau und Mann als heute. Meine Eltern haben mir nie das Gefühl gegeben, dass ich, nur weil ich ein Mädchen war, hübsch aussehen oder hilfsbereit und bescheiden sein müsste. Aber durch die Eltern der Schulfreunde, die ich zu Hause besuchte, und durch Fernsehsendungen bekam ich bereits genug von Genderklischees mit. Auch wenn ich den gesellschaftlichen Gender-Druck nicht so stark empfand, begleitete mich die Schuluniform wie eine veraltete Hülle, die ich nicht ausziehen konnte. Meinen Körper hingegen wollte ich nie ausziehen, auch wenn in ihm weibliche Merkmale wuchsen. Die Empfindung, in einem falschen Körper geboren zu sein, konnte ich nie nachvollziehen. Ich musste ihn bloß vor einer engstirnigen, pseudo-biologischen Interpretation schützen.

In den letzten Jahren hat sich Japan um eine sogenannte „genderfreie" Erziehung in der Schule bemüht. Entsprechend gibt es starke Gegenstimmen und große Debatten, auf die ich an dieser Stelle nicht weiter eingehen kann. Im Hinblick auf die Uniform möchte ich dennoch ein paar Worte sagen.

Die Schuluniform wurde in Japan Mitte der 1950er Jahre eingeführt und war in den 1960er Jahren weit verbreitet. Was die Grundschule (von der ersten bis zur sechsten Klasse) betrifft, gibt es sie meistens nur in den Privatschulen, aber in der Mittelschule (von der siebten bis zur neunten Klasse) gibt es in fast allen staatlichen und Privatschulen eine Uniform-Pflicht. Die staatliche Oberschule (von der zehnten bis zur zwölften Klasse), die ich besuchte, hatte keine Uniform, was damals nicht so ungewöhnlich war wie heute. In den 1980er Jahren führten immer mehr Oberschulen die Schuluniformpflicht ein.

Die Uniform wurde von den Lehrern positiv bewertet, weil dadurch die Schulklassen, die viel zu groß waren, einfacher zu kontrollieren waren. Die Eltern fanden die Uniform auch gut, weil sie pflegeleicht war und vor allem, weil sie ihr Portemonnaie vor der schweren Belastung durch den Modewettbewerb unter Jugendlichen schützte.

Die verbreitete Schuluniform für Jungen bestand aus einer schwarzen Hose und dem an die Militäruniform erinnernden schwarzen Oberteil mit Stehkragen. Der Stehkragen erlaubt nicht, das Kinn nach unten zu neigen, und dadurch sollte eine schon längst aus der Realität verschwundene soldatenartige Männlichkeit betont werden. Für die folgende Generation, die in den Bildschirm starrt, ist der Stehkragen ein ärgerliches Hindernis.

Die vom Matrosenanzug inspirierte Mädchenuniform ist seit den 1920er Jahren beliebt in Japan. Sie betont nicht unbedingt eine der konventionellen Weiblichkeitsvorstellungen, gewann aber durch Filme wie „Sēraāfuku to Kikanjū" (1981) oder die Manga- und Animeserie „Bishōjo Senshi Sailor Moon" (1992) immer wieder neue „Attraktivität", die auf mich sexualisiert wirkt und dadurch erneut ein Genderklischee in die Uniform einschreibt.

Die Matrosenuniform verschwindet langsam aus den japanischen Schulen. Immer mehr Schulen bestimmen Blazer als Oberteil der Uniform für Mädchen und für Jungen. Nun bleibt der Unterschied im Unterleib, zwischen der Hose und dem Rock.

Interessant ist, dass die Mehrheit der Schülerinnen in Japan den Uniformrock nicht mögen. In der Umfrage, die Baba Mami in ihrem Aufsatz „Gender in der Mode" analysiert, antwortet ein Drittel der Mädchen zwischen der siebten und der zwölften Klasse, dass sie den Rock mögen, ein weiteres Drittel, dass sie die Hose mögen. Die Mädchen, die die Hose sehr mögen, machen durchgehend 20% aus, während die Mädchen, die den Rock sehr mögen, in der siebten Klasse genauso viel, also 20% ausmachen, im Laufe der Jahre immer weniger werden und in der zwölften Klasse nur noch 10% ausmachen. Immer mehr Schulen bestimmen die Uniformhose als eine Option für Mädchen. Jedoch ist es immer noch eine Ausnahme, dass eine Schule ihren männlichen Schülern das

Tragen des Rocks erlaubt. Das Kakei-Gymnasium in Hiroshima gehört zu den wenigen Ausnahmen.

Im Interview mit dem staatlichen Fernseh- und Rundfunksender NHK („Boku ga suk to wo haku riy (Der Grund, warum ich, ein Mann, einen Rock trage)" 2021) erzählte ein Schüler namens Kubo, dass für ihn vor allem die Freiheit wichtig war, Rock tragen zu dürfen. Es wäre ihm aber nicht recht, dass auf ihn Druck ausgeübt wird, ein „Coming-out" öffentlich zu machen und sich zur Minderheit der LGBTQ zu bekennen. Interessant finde ich, dass sich die Menschen in seinem Umfeld vom Rock tragenden Schüler nicht verunsichert fühlen, wenn er in der Queer-Schublade eingeordnet werden kann. Es gibt anscheinend Menschen, die die LGBTQ als „Minderheiten" akzeptieren, aber keine Grenzüberschreitung ohne Zuordnung dulden. Es ist nicht ausgeschlossen, dass der Schüler später als Transfrau oder schwul leben will. Wichtig ist zuerst vor allem ein unvoreingenommener Umgang mit Textilien, die uns umhüllen, schützen und einen luftigen Raum geben.

Wenn wir in eine ferne Vergangenheit zurückgehen, in der wir noch kein Wort wie „Mädchen" oder „Junge" kannten, sind wir einfach von einem weichen Tuch umwickelt und schweben im langsamen Wechsel von Tag und Nacht, Licht und Dunkelheit, Hunger und Sättigung. Noch wissen wir nicht, wie wir in einem Spiegel aussehen. Noch können wir uns nicht einmal vorstellen, wie eine Menschengestalt als Ganzes aussieht. Im Fühlen sind wir auf dem Weg zu einem Ort, noch denken wir hauptsächlich durchs Fühlen. Ein weicher Stoff kann uns in diese Urszene zurückversetzen, aus der wir immer wieder erneut die Frage stellen können, wer wir sind.

Als letztes möchte ich eine Stelle aus dem Roman „Das dänische Mädchen" zitieren, in der Lili Elbe, damals noch Einar Wegener, zum ersten Mal Annas Kostüm anzieht.

„Ein seltsam wässriges Gefühl durchströmte Einar, als er so auf der Truhe stand, von der Sonne beschienen, Heringsgeruch in der Luft. Das Kleid saß überall locker, nur an den Ärmeln nicht, er fühlte sich wie untergetaucht, als schwämme er im sommerwarmen Meer. Der Fuchs jagte die Maus, und irgendwo in seinem Kopf war eine Stimme: das leise Schluchzen eines verängstigten kleinen Mädchens."

(Ebershoff S. 20)

Unbewohnbarkeit der Diversität

Die vierte Poetikvorlesung

Diversity is our Future
Çeşitlilik bizim geleceğimizdir
Diversità è la nostra futura

all
genders
welcome

„Biodiversität ist mehr als Artenvielfalt": Dieser Slogan von „Greenpeace" will uns darauf aufmerksam machen, dass es, um die Komplexität der Natur zu erhalten, nicht ausreicht, die aussterbenden Arten zu retten.

Mir kommt dieser Slogan immer wieder in den Sinn, wenn ich über die Diversität von Gender nachdenke. L, G, B, T, Q sind schon fünf Buchstaben, und es gibt viel mehr Arten der Gender-Zugehörigkeiten und Liebesorientierungen.

Es ist leicht, etwas Unverständliches einem Buchstaben zuzuordnen, um weiter nicht darüber nachdenken zu müssen. In Wirklichkeit hängen alle Buchstaben miteinander zusammen. Der Buchstabe T besteht aus denselben zwei Strichen wie L, nur anders kombiniert. Der Buchstabe B hat zwei Bäuche und seine doppelte Schwangerschaft provoziert jeden Buchstaben ohne Bauch.

WWF (der World Wide Fund For Nature) berichtete am 14.1.2021 auf seiner Homepage, dass von den ca. 560 Wildbienenarten 41 Prozent als bestandsgefährdet eingestuft wurden und 17 typische Schmetterlingsarten des Grünlandes im Vergleich zum Jahr 1990 einen Rückgang um fast 50 Prozent zeigen. Es ist schon erstaunlich genug zu erfahren, dass es immer noch 560 Wildbienenarten gibt. Wozu eigentlich so viele? Sind das nicht zu viele? Reichen nicht 5, 6 Arten? Anscheinend nicht. Die Natur hat sich zu der Form entwickelt, die sie heute hat, und dazu gehört Vielfalt. Würde die Zahl der Bienen schrumpfen, könnten viele Pflanzen nicht mehr bestäubt werden. Gäbe es weniger Äpfel oder Birnen, könnten viele Würmer und Vögel nicht überleben usw. „Nahrungskette" ist kein schönes Wort, aber es zeigt, dass es keine Überlebenschance ohne Zusammenspiel gibt.

„Diversität" ist heute zu einem starken Schlagwort geworden, das besonders bei den zwei politischen Themen, die die jüngeren Generationen besonders interessieren, der Umweltschutz und LGBTQ, unverzichtbar ist. Auch bei der Migrationspolitik spielt es eine wichtige Rolle, aber die Diversität wird manchmal auf eine problematische Weise dargestellt, sodass die einzelnen Menschen hinter einer Kategorie verschwinden.

Zum Beispiel sind wir daran gewöhnt, dass die Vielfältigkeit einer Großstadt durch Aufzählung von Menschengruppen präsentiert wird. Eine typische Beschreibung der Weltstadt lautet folgendermaßen:

„New York City ist bekannt für seine kulturelle Vielfalt: 35% aller New Yorker sind europäischer Abstammung. Ungefähr jeweils ein Viertel ist afro-amerikanisch bzw. lateinamerikanisch und 10% stammen aus dem asiatischen Raum."

Für mich hat die Aufteilung der New Yorker in vier Gruppen wenig mit der „kulturellen Vielfalt" zu tun. Bilden alle Menschen, deren Vorfahren vor langer Zeit aus Europa eingewandert sind, wirklich eine kulturelle Einheit und unterscheiden sich von den anderen Gruppen? Spielen die Menschen lateinamerikanischer Abstammung nur bestimmte Musikrichtungen, die sich von denen der Afroamerikaner vollkommen unterscheiden? Oder ist das Wort „Kultur" hier nur eine Umschreibung der „Rasse"? Sagt man „europäischer Abstammung" um nicht „Weiße" sagen zu müssen? Muss ich mich selbst zur Gruppe „aus dem asiatischen Raum" einsortieren, wenn ich in der vielfältigen Gesellschaft einen Platz finden will? Was ist, wenn ich mich wegen der Vorliebe für eine bestimmte Literatur eher russisch oder jüdisch fühle als japanisch? Muss ich mein Gesicht operieren lassen, wenn ich als woanders zugehörig akzeptiert werden will?

Das Streben nach einer vielfältigen Gesellschaft kann mit der Aufteilung der Menschen in vorgefertigte Kategorien Hand in Hand gehen. Ich meine nicht nur die Klischees, die sich im Kopf der einzelnen

Menschen eingenistet haben, sondern die offiziellen Gruppierungen, die politisch wirksam sind.

In Singapur zum Beispiel wird darauf geachtet, dass in jeder Siedlung ungefähr der gleiche Anteil von chinesischen, malaiischen und indischen Bewohnern Wohnungen bekommen.

Die Politik der sogenannten EIP (Ethnic Integration Policy), die woanders wahrscheinlich nicht vorstellbar ist, kann in Singapur durchgeführt werden, weil ungefähr 80% der Menschen in einer Wohnung leben, die der staatlichen HDB (Housing Development Board) gehört. Singapur bemüht sich, ein Staat zu sein, in dem Menschen mit unterschiedlichen Herkünften möglichst gemischt leben. Um eine Apartheid zu vermeiden, müsste sich jeder Mensch offiziell zu einer „ethnischen" Gruppe zuordnen lassen, als wäre diese Gruppierung die Grundlage für Diversität.

Wie ist es in Deutschland? Mir fällt die Geschichte eines Japaners ein, der in Berlin als Koch arbeitete. Er beantragte eine unbefristete Aufenthaltserlaubnis, weil er in Berlin ein Restaurant eröffnen wollte. Die Chancen standen nicht schlecht: Anscheinend hatte die Ausländerbehörde nichts gegen kulinarische Vielfalt und erlaubte bereits vielen ausländischen Pfannen, in Berlin Exotisches zu braten. Der japanische Koch bekam aber keine Aufenthaltserlaubnis, weil er nicht japanisch, sondern italienisch kochen wollte. Er hatte Kochen in Italien gelernt, kochte leidenschaftlich italienisch, und viele Kunden konnten sein Können bestätigen.

Vielfalt – ja, aber jedes Mitglied muss die Rolle spielen, die ihm von außen zugeteilt wird. So lange wir von ihr nicht abweichen, dürfen wir ein Bestandteil der vielfältigen Gesellschaft sein.

Diese Episode ist mir unvergesslich, weil auch ich für den wahren Grund keine Aufenthaltserlaubnis für Deutschland bekommen hätte. Ich erklärte damals einem Rechtsanwalt, der mir helfen wollte, den Grund, warum ich in Deutschland bleiben musste, nämlich, ich wollte nicht nur auf Japanisch, sondern auch auf Deutsch schreiben, weil es mir wichtig war, mehrsprachig zwischen den Sprachen zu arbeiten. Der Rechtsanwalt sagte, es sei schwer, diese Begründung bei der Ausländerbehörde durchzusetzen. Ich fragte ihn, was zum Beispiel eine Begründung wäre, die sofort überzeugen würde. Spontan fiel dem Rechtsanwalt die Antwort ein: „Zum Beispiel, wenn Sie in Deutschland eine japanische Autofirma vertreten würden. Oder vielleicht, wenn Sie einen Deutschen heiraten würden."

Mich macht auch eine gut gemeinte Äußerung wie diese, dass „im Berliner Stadtteil Kreuzberg 180 Nationen auf gut 20 Quadratkilometern zusammenleben" stutzig. Erstens sind das nicht die Nationen, sondern die Menschen, die in Kreuzberg leben, und zweitens frage ich mich, in welchem Sinne sie wirklich „zusammenleben".

Als ich vor einigen Jahren von einer Grundschule in Kreuzberg in der Nähe der U-Bahn-Station Kottbusser Tor eingeladen wurde, bestand die Klasse, die ich besuchte, ausschließlich aus türkisch- und arabischstämmigen Kindern. Sie hatten ohne Ausnahme einen deutschen Pass und konnten nicht glauben, dass ich keinen habe. Der Lehrer, der das Besuchsprogramm betreute, sagte, die Kinder hätten in ihrem Leben zu wenig Kontakt mit Menschen mit einem anderen Hintergrund als sie. Die Vielfalt in Kreuzberg sah ganz anders aus als ich sie mir vorgestellt hatte.

Japan erlaubt keine doppelte Staatsangehörigkeit. Wer eine andere Staatsangehörigkeit erworben hat, verliert automatisch die japanische. Aber solange Betroffene in Japan nicht offiziell den „Verlust" der japanischen Staatsangehörigkeit angemeldet haben, wird der alte Pass geduldet. Eine Freundin von mir hatte etwa zwanzig Jahre lang diese doppelte Angehörigkeit, verlor sie aber durch die Pandemie. Um nach Japan während der Pandemie einzureisen, brauchte sie ein Visum, und dafür musste sie richtig ausländisch sein, das heißt, sie musste den Verlust der japanischen Staatsangehörigkeit offiziell anmelden.

Jede Bürokratie, die mir befremdlich vorkommt, erregt meine Fantasie. Was wäre, wenn ich mich im Amt als Mann angemeldet, aber noch nicht als Frau abgemeldet hätte? Eine solche doppelte Zugehörigkeit in der Grauzone würde mir menschlich vorkommen, weil sich niemand von seinen Erinnerungen trennen kann.

In einem Dokumentarfilm von ARTE („Fremd im eigenen Körper" vom 4.4.2022) war bei dem 19-jährigen Transmann Danilo die Mutter diejenige, die auf die Idee gekommen war, dass ihre damalige Tochter in Wirklichkeit ein Junge sein könnte. Ihre Begründung war für mich erschreckend. Die Mutter wollte zum Beispiel, dass ihre Tochter als Mädchen lange Haare trägt, während diese immer darauf bestand, ihre Haare kurz schneiden zu lassen. Ich frage mich, wer in unserem Jahrhundert von einem Kind verlangt, lange Haare zu tragen, nur weil es ein Mädchen ist. Die Mutter wunderte sich damals auch, dass ihre Tochter auf ihren T-Shirts ein Automotiv haben wollte. Danilo litt mit vierzehn unter einer starken Depression und Essstörung. Ich frage mich, ob der Grund dafür nicht die unzeitgemäße Erwartung der Mutter gewesen sein könnte, die harmlos aussah, weil sie als liebevoll vermittelte ästhetische Empfehlung verkauft wurde. Die Generation der Mutter Danilos ist viel jünger als ich. Wie ist es möglich, dass junge Frauen glauben, dass T-Shirts mit Automotiv für Jungen gedacht seien?

Die einfache These, dass Danilo keine Tochter, sondern ein Sohn sei, stoppte seine Symptome. Er begann, männliche Hormone zu nehmen. Seitdem kann er einige Veränderungen bei sich feststellen:

Er sei mit mehr Energie geladen, müsse mehr Sport treiben, sei manchmal aggressiver und risikofreudiger. Das klingt für mich aber so, als würde er glauben, dass Frauen mit weniger Energie geladen und nicht risikofreudig wären bzw. sein dürfen. Die Mutter musste nicht ihre Genderklischees in Frage stellen, und die Tochter musste nicht ihre Mutter in Frage stellen. Durch die Geschlechtsumwandlung bleibt die alte Weltordnung, die eigentlich schon vor einigen Generationen abgeschafft worden sein müsste, bestehen.

Danilo erzählt im Interview, dass er Frauen begehre, aber als lesbische Frau zu leben für ihn keine Option sei.

Sein Körper sieht durch die Hormoneinnahme schon so weit männlich aus, dass niemand ihn für eine Frau halten würde. Aber das reicht ihm nicht aus. Um sich besser zu fühlen, sei die Entfernung der Gebärmutter und der Eierstöcke notwendig. Die Mutter unterstützt und begleitet ihn bei jedem Schritt der Geschlechtsumwandlung. Ist sie liberal, weil sie das Transgender akzeptiert, oder ist sie einfach nicht bereit, eine Tochter zu lieben, die gemessen an ihrer Vorstellung von Frau-Sein eine Versagerin ist? Diese Fragen drehten sich die ganze Zeit in meinem Kopf, während ich mir den Film ansah.

Ich hätte an Danilos Stelle, um die eigene Genderzugehörigkeit herauszufinden, drei Jahre von der Mutter getrennt gelebt und mich erst dann für oder gegen die Operation entschieden.

In diesem Dokumentarfilm wird von einer weiteren Frau im Alter von fünfundzwanzig Jahren berichtet, die ihre Geschlechtsumwandlung zu einem Mann bereute und heute wieder als Frau lebt. Als kleines Mädchen hatte sie kein Problem mit ihrer Genderidentität, aber im Alter von siebzehn, achtzehn konnte sie ihren Körper nicht akzeptieren, bekam eine Depression und Essstörung. Sie stellte fest, dass sie an Frauen interessiert ist, und entdeckte gleichzeitig eine starke Homophobie in sich. Sie wollte nicht lesbisch sein. Wenn eine Frau Frauen liebt, aber nicht lesbisch sein will, kann sie sich in einen Mann verwandeln: So war ihre logische Schlussfolgerung. Anstatt die Homophobie in Frage zu stellen, stellte sie ihren Körper in Frage. Der damalige Therapeut brachte sie innerhalb von drei Monaten dazu, männliche Hormone zu nehmen. Es sei ihr zu schnell gegangen, außerdem sei sie nicht genügend über das gesundheitliche Risiko informiert worden, habe unter Nebenwirkungen gelitten. Heute denkt sie, dass sie nicht in einem psychisch instabilen Zustand solch eine wichtige Entscheidung hätte treffen können und sollen.

Sie bereut zwar ihre Entscheidung von damals und die Einnahme der männlichen Hormone, durch die ihre Stimme tiefer wurde, aber sie kann das nicht mehr rückgängig machen. Die Brustentfernung bereut sie jedoch nicht. Die Brust habe sie immer gestört, sie sei ihr wie ein Aushängeschild vorgekommen, das sie zum Sexobjekt gemacht habe.

Sexistische Blicke gelten heute offiziell nicht mehr als ein soziales Problem. Jede Frau könne und solle ihre Brust frei inszenieren, erotisch oder weniger erotisch, und auf jede Reaktion der Männer könne die Frau so reagieren, wie sie wolle. Wer das nicht schaffe, solle nicht die Verantwortung auf die Männer oder auf die Gesellschaft schieben. Es liege an der eigenen Unfähigkeit. Die Brust entfernen zu lassen wäre auch eine Lösung, die individuell getroffen werden kann. Keine Frau möchte ein Opfer sein, es wäre eine Schwäche. Eine Operation wäre ein aktives Handeln, das Stärke zeigt.

Die Partnerin dieses Ex-Transmannes, der jetzt wieder als Frau lebt, hat die gleiche Erfahrung gemacht. Im Rückblick findet sie, dass ihr eigentliches Problem ihre sexuelle Orientierung war, die sie nicht akzeptieren wollte. Sie dachte, sie könne, indem sie ein Mann wird, vermeiden, lesbisch zu sein. Heute sammeln die beiden gemeinsam verschiedene Lebensgeschichten von Leuten, die ihre Geschlechtsumwandlung bereuen, und veröffentlichen sie online. Sie haben gemerkt, dass bei diesen Menschen hinter dem Wunsch zur Geschlechtsumwandlung ganz andere Probleme steckten, wie zum Beispiel ein Trauma durch sexuelle Gewalt, Autismus oder Homophobie.

Der drastische Anstieg der jungen Frauen, die zu einem Mann werden wollen, macht nicht nur die altgedienten Feministinnen skeptisch. Ich suche nach einer überzeugenden Erklärung dafür, warum die Anzahl der Jungen, die zu einer Frau werden wollen, nicht in gleichem Maß gestiegen ist.

In „Tsutsumi-chūnagon-monogatari" steht die Geschichte einer Prinzessin aus dem 12. Jahrhundert, die sich nur für Insekten interessierte, auf ihr Äußeres nicht achtete und deshalb als Außenseiterin lebte. Die Lektüre der „Mushi-mezuru himegimi" (Die Prinzessin, die die Insekten liebte) beruhigte und erfreute mich als Jugendliche. Ich fühlte mich als Teil der langen Geschichte der Zivilisation, in der die Frauen so unterschiedlich gewesen waren.

Es ist verwunderlich, wenn ein Mädchen wie diese Prinzessin in der heutigen Gesellschaft, in der die Rollenklischees angeblich schon überwunden sind, sich als Außenseiterin fühlen muss. Kaum jemand sagt heute, dass Frauen, anstatt Physikerin oder Kosmonautin zu werden, zu Hause bleiben und sich um die Kinder und die Wäsche kümmern sollten. Schon in den 1970er Jahren dachte ich (und nicht nur ich), dass die Frau selbst bestimmen muss, was eine Frau ist, und daher gab es keinen Grund, nicht mehr eine Frau sein zu wollen. Eine Frau kann sich einen Bart wachsen lassen, kräftig aussehen, Männerkleidung tragen und eine andere Frau lieben. Aber die Norm, wie ein Mädchen aussehen soll bzw. wie sie nicht aussehen darf, prägt uns unbewusst durch die neuen Medien noch immer sehr stark und beeinflusst unser Wohlbefinden oder unsere Unzufriedenheit mit uns selbst.

Auch viele heterosexuelle Cis-Frauen haben den Wunsch, einen knabenhaften Körper ohne große Brüste und breite Hüften zu haben. (Ich finde allerdings den Begriff „Cis-Frauen“ etwas diskriminierend, weil es eine Zuschreibung von außen ist. Andererseits wäre es auch nicht besser zu sagen, „Alle Menschen, die nicht LGBTQ sind“. Dieser Ausdruck wäre vergleichbar mit dem Begriff „Nicht-Europäer“, der so tut, als würde es für alle einen grundsätzlichen Unterschied machen, ob ein Mensch Europäer ist oder nicht.) Die weitverbreitete Gattung des Boys-Love-Manga in Japan spiegelt diesen Wunsch wider. In dieser Gattung geht es immer um die Liebe zwischen zwei hübschen, femininen, jungen Männern. Ihre Leserschaft besteht nicht aus Schwulen, sondern fast ausschließlich aus Frauen, und die meisten von ihnen sind heterosexuelle Cis-Frauen. Boys-Love-Manga wurde lange als ein seltsames japanisches Phänomen behandelt, aber es verbreitet sich langsam auch in anderen Ländern. Vor einigen Jahren sah ich auf der Buchmesse in Bangkok eine große Abteilung für Boys-Love-Manga. Auch in Deutschland sind einige aus der Gattung erhältlich, obwohl es offensichtlich keine oder sehr wenige „Fujoshi“ gibt. Die Liebhaberinnen des Boys-Love-Manga werden „Fujoshi“ (verdorbene Frauen) genannt. Es

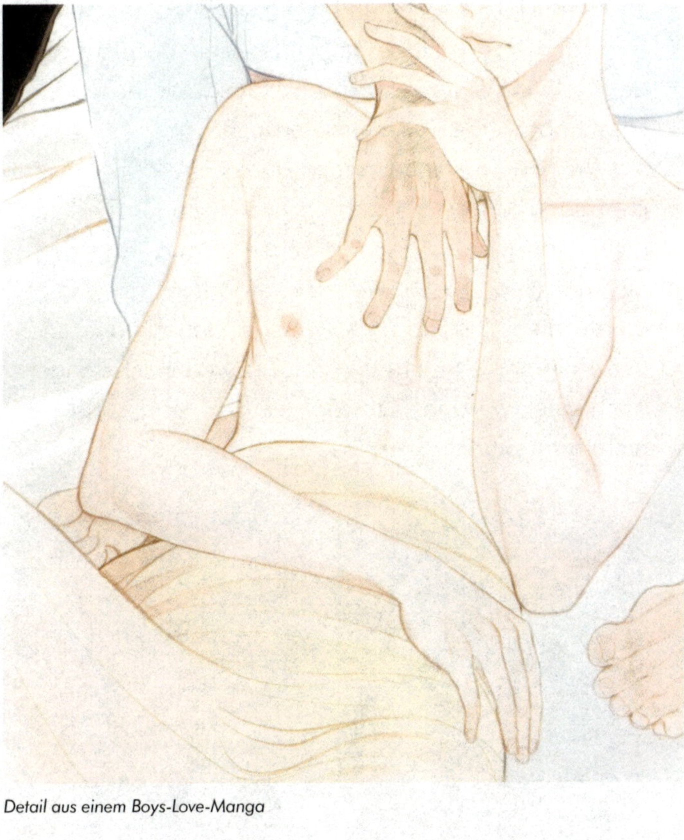

Detail aus einem Boys-Love-Manga

ist kein Schimpfwort, sondern eher eine selbstironische Bezeichnung.

„Yaoi" ist der japanische Begriff für das Boys-Love-Manga. „Ya" steht für den Höhepunkt (yama), „o" für die Pointe (ochi) und „i" für die Bedeutung (imi).

Auch das ist eine selbstironische Bezeichnung der Gattung, die weder einen Höhepunkt noch eine Pointe noch eine Bedeutung braucht.

Wie kann ich die Hauptfiguren im Yaoi-Manga charakterisieren? Sie sind schlank, haben aber gar nichts von jenen masochistischen Zügen oder dem eisernen Stolz, den weibliche Models manchmal ausstrahlen. Sie sind viel weicher, lebendiger und unschuldiger. Das sind Körper, die weder schwanger noch älter werden. Obwohl sie zart sind, sind sie nicht angreifbar.

Gengoroh Tagame

Das Yaoi-Manga, das bereits in den 1970er Jahren in Japan eine große Leserschaft fand, hat nichts mit der LGBTQ-Bewegung zu tun.

Die Bestseller-Manga-Zeichnerin Hagio Moto hatte damals schon eine große Leserschaft, die aus Cis-Hetero-Frauen bestand. Der Begriff „Fujoshi" entstand erst in den 1990er Jahren. Vorher gab es diese Bezeichnung nicht, weil jede Frau eine Leserin des Yaoi-Mangas sein konnte. Niemand fragte, warum eigentlich die heterosexuellen Cis-Frauen Liebesgeschichten zwischen zwei jungen Männern lesen wollten. Ich glaube, dass diese knabenhaften Figuren für die jungen Frauen, die langsam einen weiblichen Körper bekommen und sich davon leicht belastet oder bedroht fühlten, als Fluchtort angenehm waren. Besonders abstoßend empfinden die meisten jungen Frauen die weiblichen Figuren, wie sie im pornografischen Manga für erwachsene Männer dargestellt werden. Die Knaben im Yaoi-Manga sind das Gegenteil davon. Sie sind eigentlich keine Jungen, sondern junge Frauen, die am romantischen Konzept der Liebe hängen, aber sich durch ihren realen Körper daran gehindert fühlen. Sie befreien sich von ihrem Körper durch die Identifikation mit den Manga-Figuren, und nicht durch Operationen.

Ich möchte hier kurz ein Gegenbeispiel erwähnen, das zeigt, wie sehr sich ein schwules Manga von einem Yaoi-Manga unterscheidet. Der von mir geschätzte Manga-Zeichner Gengoroh Tagame, der in den 1990ern seine homoerotischen Mangas eher für eine kleinere Community produziert hatte, veröffentliche 2014 bis 2017 sein Hauptwerk „Otōto no Otto" (Der Ehemann meines jüngeren Bruders), das eine breite Leserschaft fand, den Preis des Kulturministeriums gewann und als Anime adaptiert wurde. In diesem Manga geht es um eineiige Zwillingsbrüder. Einer von ihnen ist schwul und wandert nach Kanada aus, heiratet einen kanadischen Mann und stirbt. Der andere ist hetero, bleibt in Japan, heiratet eine Frau und bekommt eine Tochter. Nach der Scheidung lebt die Tochter bei ihm. Eines Tages steht der kanadische Ex-Mann plötzlich vor seiner Tür. Dieser will den Bruder und die Heimat seines verstorbenen Ehemannes kennenlernen. Die kleine Tochter freut sich über den Onkel, dessen Existenz sie nicht einmal erahnt hatte. Durch die Neugierde und Freude seiner unvoreingenommenen Tochter baut der Vater Schritt für Schritt seine Vorurteile ab. Er hatte zwar noch nie etwas gegen Schwule, aber nach dem Coming-out des Bruders haben die beiden nicht mehr über Liebe und Sexualität geredet. Nach der Auswanderung des schwulen Bruders gab es keinen Kontakt mehr. Ein typischer Umgang mit den LGBTQ in Japan, der insofern tolerant aussieht, als nichts gegen sie gesagt oder unternommen wird, doch dadurch, dass nicht mit ihnen oder über sie geredet wird, einer Ausgrenzung gleichkommt. Die kleine Tochter platzt fast vor Neugierde und stellt dem Kanadier viele Fragen, zum Beispiel, ob eine Frau eine andere Frau heiraten könne, und erzählt alles, was sie erfahren hat, ihren Freunden aus der Schulklasse weiter. Ein Lehrer und die Mutter einer Freundin haben ein Problem damit, was den Vater dazu zwingt, klar Stellung zu beziehen. Er steht auf der Seite der Tochter, da er feststellt, dass ihre offene Haltung die beste ist, mit einer anderen Sexualität umzugehen.

Die männlichen Körper, die Gengoroh Tagame zeichnet, stehen im extremen Kontrast zu den Yaoi-Körpern. Sie bestehen aus schwerem Fleisch – nicht nur aus repräsentativen Muskeln, sondern einfach Fleisch, das uns durch Lust, Hunger, Trauer oder Freude ans irdische Leben bindet.

Es ist nicht erstaunlich, dass in den letzten Jahren einige LGBTQ-Manga erschienen sind. Der Alltag eines nicht mehr ganz jungen Schwulenpaars in „Kinō nani tabeta" (Was hast du gestern gegessen?) von Yoshinaga Fumi oder die Erfahrungen einer Mutter, die sie mit ihrem Sohn macht, in „Uchi no musuko wa tabun gei" (Mein Sohn ist wahrscheinlich schwul) von Okura sowie die autobiographischen Liebesgeschichten in „Watashi ga onna no ko o suki ni tatta hi" (Der Tag, an dem ich mich in ein Mädchen verliebte) von Takeuchi Sachiko orientieren sich am Realismus oder dem Naturalismus, während ich die Fortführung der Yaoi-Kultur im Manga „My genderless boy friend" gesehen zu haben glaubte. Dieses

Gesicht und der Körper sind befreit oder gesäubert von allen Problemen, die das Mann-Sein oder das Frau-Sein mit sich bringen. Der „genderless boy" kann die ideale Frau für eine lesbische Frau sein, die auf keinen Fall lesbisch sein will. Seine Erscheinung kann aber auch ein Versuch sein, eine erotische Ausstrahlung jenseits vom binären System, seinem Zwang und seiner Gewalt darzustellen.

Es gibt einige englische Begriffe, die in Japan produziert und in einer bestimmten Weise benutzt werden, so wie das Wort „Handy" im deutschsprachigen Raum.

Dazu gehört der Ausdruck „genderless fashion", so wie die Firmen Uniqlo oder Muji ihn für ihre Mode benutzen oder das Prinzip „gender free" in Bezug auf die Erziehung und „genderfree bashing" in Bezug auf deren Gegner. In der „genderfreien" Erziehung wird versucht, keine konventionellen Vorstellungen der Genderrollen weiterzuvermitteln. Die Gegner dieser Erziehung behaupten, das Konzept „gender free" sei verwirrend, könnte die Kinder dazu bringen, negativ über das Heiraten und die Familie zu denken, und somit die Kultur zerstören. Das steht schwarz auf weiß im Protokoll eines Projektteams, das von Shinzō Abe geleitet wurde (Wakakuwa Midori und andere (Hg.): „Gender no kiki o koeru" 2006, S.38).

(Ich war erschrocken, als ich, kurz nachdem ich diese Sätze geschrieben hatte, hörte, dass Shinzō Abe erschossen wurde. Es sei kein politisch motivierter

Mord gewesen, hieß es in den Nachrichten. Ich überlegte mir kurz, ob ich wegen der Ehrfrucht vor allen Toten auf die Erwähnung seines Namens als Gegner der „gender free"-Erziehung verzichten sollte. Aber warum eigentlich? Auch nach seinem Tod würde er für seinen Nationalismus stehen, und der Nationalismus hat keinen Raum für die LGBTQ-Bewegung.)

Der Psychologe und Literaturkritiker Saitō Tamaki schreibt, dass sich die Gegner der genderfreien Erziehung meistens auf einen subjektiven Eindruck berufen. Dieser Eindruck sage, die Unterschiede zwischen Frau und Mann seien ausschließlich biologischer Natur, die man als „physiologisches Schicksal" (seiriteki shukumei) akzeptieren müsse (Sōfūsha-Henshūbu (Hg.): „Backlash" 2006, S.104-105). Als Psychoanalytiker versteht er das Gender als eine Konstruktion, aber gleichzeitig sei es gerade die Psychoanalyse, die die Sexualität in eine absolute Tiefe platziert habe, so dass sie als das Wesenhafte sowie als Konstruiertes verstanden werden könne (dto. S.114).

Wir haben in der Tat ein deutliches Bild von der Natur, wie sie sein sollte, obwohl wir ziemlich getrennt von der Natur leben und von ihr wenig Ahnung haben. Die Natur wird immer wieder als Bild missbraucht, um die Unnatürlichkeit der LGBTQ-Bewegung zu beweisen. In Wirklichkeit ist gerade die Natur sehr vielfältig in ihren Gestalten und Strategien.

Ich frage die Seepferdchen als Stellvertreter der Natur, wie es ist mit zwei Geschlechtern. Bei ihnen spritzt das Weibchen beim Geschlechtsakt die Eier in die Bauchtasche des Männchens. Die Eier werden dort ausgebrütet und kommen als kleine Seepferdchen aus dem männlichen Bauch in die Welt. Mit anderen Worten: Männer werden schwanger und gebären Babys.

Das Seepferdchen heißt auf Japanisch „tatsu-no-otoshigo", wörtlich übersetzt: das uneheliche Kind des Drachen. Die Frage ist, ob bei den großen Drachen und ihren ehelichen Kindern auch Männchen schwanger werden.

Es ist in der Natur nicht selbstverständlich, dass es zwei Geschlechter gibt und ein Geschlecht Sperma oder ein Staubblatt produziert und das andere Geschlecht mit Eiern oder Stempel auf sie wartet. Bei den Pflanzen sind es nur „zweihäusige", die ganz weiblich oder ganz männlich sind. Dazu gehören Weide, Hanf, Hopfen, Sanddorn oder Kiwis.

Die meisten heimischen Pflanzen sind eher „zwittrig" (also sollten in der Begrifflichkeit der LGBTQ-Bewegung diese Pflanzen „inter" heißen), wie Apfel, Rosen oder Kirschen. Sie haben Frucht- und Staubblätter in einer Blüte, eigentlich ist das die vertrauteste Form für uns.

Die Zweihäusigkeit, die die meisten Säugetiere haben, ist eher eine Ausnahme in der heimischen Vegetation. Schon als Kind ist mir aufgefallen, dass sich die Menschen nur unter dem weiblichen Ginkgo versammeln, um die heiß begehrten Ginkgo-Früchte zu sammeln. Das Fruchtfleisch stinkt leider nach Hundekacke, darin stecken jedoch schmackhafte Kerne. Ursprünglich ist nur ein Baum unter sechzig männlichen Bäumen weiblich, aber durch den menschlichen Einfluss gibt es heute verhältnismäßig viele weibliche Bäume, mehr, als von der Natur vorgesehen sind.

Nun habe ich in meinen Poetikvorlesungen so viel aus alten Medien zitiert (und zwar nicht nur etwas alt, sondern zum Teil achthundert Jahre alt), anstatt die Einträge in den neuen Medien zu analysieren. Weder ignoriere noch missachte ich sie, aber um mit ihnen in Dialog zu treten und etwas dazu beitragen zu können, muss ich immer wieder auf die Literatur zurückkommen, in der meine persönliche Mehrgeschlechtlichkeit gewachsen ist.

Goethes berühmtes Ginkgo-Gedicht „Ginkgo biloba" (1815) spielt mit der Form der Blätter, aber wenn ich daran denke, dass der Ginkgo-Baum zweihäusig ist, könnte ich es ein wenig anders lesen. Die Spaltung in den Ginkgo-Blättern ist der Schmerzensausdruck darüber, dass der Ginkgo-Baum zweihäusig ist: Der Frau-Baum und der Mann-Baum sind für immer getrennt worden, und weil sie verwurzelt sind, können sie nicht zueinander laufen und sich umarmen. Aber im Blatt, also im Baumblatt sowie im Notenblatt und auch im Blatt Papier, auf dem gedichtet wird, fühlen wir immer wieder, dass das menschliche Gender eins und doppelt ist.

Johann Wolfgang von Goethe „Ginkgo biloba"

Dieses Baums Blatt, der von Osten / Meinem Garten anvertraut, /Gibt geheimen Sinn zu kosten, / Wie's den Wissenden erbaut.

Ist es ein lebendig Wesen / Das sich in sich selbst getrennt? / Sind es zwei, die sich erlesen, / Dass man sie als eines kennt?

Solche Frage zu erwidern / Fand ich wohl den rechten Sinn; /Fühlst du nicht an meinen Liedern / Dass ich Eins und doppelt bin?

Eigentlich war es ein Gedicht von Paul Celan aus dem Gedichtband „Die Niemandsrose", das mich auf den Begriff der Zweihäusigkeit aufmerksam machte. Von Gartenarbeit habe ich kaum Ahnung, Celans sprachliche Diversität hingegen hat mich schon immer interessiert. Er benutzte in seiner Dichtung gelegentlich wissenschaftliche Fachwörter. Dadurch wird die Sprache der Dichtung als Fremdkörper spürbar. Die Illusion einer idealen Leserschaft, die ohne Wörterbuch alle Wörter im Gedicht verstehen kann, wird in Frage gestellt, und durch diesen seltsamen Umweg erreicht es eine Offenheit für alle. Außerdem wird durch die Fachbegriffe eine Verbindung zum anderen Wissen, wie zum Beispiel dem der Biologie, hergestellt, und das stoppt die faule Gewohnheit, alles bloß als Metapher zu verstehen.

„ZWEIHÄUSIG, EWIGER, bist du, un-
bewohnbar. Darum
baun wir und bauen. Darum
steht sie, diese
erbärmliche Bettstatt, – im Regen,
da steht sie.

Komm. Geliebte.
Daß wir hier liegen, das
ist die Zwischenwand –: Er
hat dann genug an sich selber, zweimal.
Laß ihn, er
habe sich ganz, als das Halbe
und abermals Halbe. Wir,
wir sind das Regenbett, er
komme und lege uns trocken.

....

Er kommt nicht, er legt uns nicht trocken."

Eine seltsame Kombination vom botanischen Fachbegriff „zweihäusig“ und dem Wort „Ewiger“ führt mich in die Welt der Bibel. Ich bin nicht religiös, aber weil ich gerade im Gebäude der Theologen spreche und hinter mir den gekreuzigten Jesus spüre, erinnert mich das Verb „bauen“, das mit Nachdruck wiederholt wird, an die Arche Noah. Denn, was sollen wir in einer Krise sonst bauen als ein Rettungsboot? In der Arche Noah werden ein Weibchen und ein Männchen von jedem Tier gerettet. Ein Versuch, einen binären Anfang unserer Welt zu begründen, allerdings erst bei einer katastrophalen Flut. Vorher gab es vielleicht noch mehr Gender.

Das Wohnen ist eine Kunst, das Performen eine andere. Unser biologischer Körper ist kein Haus, in dem alle unsere Gender-Träume wohnen können. Die heutige Medizin bietet uns an, allerdings nicht ohne finanzielle Interessen, den Körper umzubauen als wäre er ein Haus. Ein Haus kann durch Renovierungen nach und nach perfektioniert werden. Ist unser Körper aber wirklich bewohnbar? Ist er uns zum Wohnen gegeben oder eher dafür, dass wir tanzen und singen können?

Ich sehe eine größere Chance in der Performance jeder Art. Denn nichts kann festgehalten werden, aber vieles lässt sich darstellen. Ich will nicht in einer Vorstellung eingesperrt sein. Kein Gender kann ein Haus sein, das mir passt und in dem ich das ganze Leben verbringen will.

Ich möchte mit der letzten Szene aus dem Opernstück „Der Rosenkavalier" (Uraufführung 1911 in Dresden) enden, in dem drei Sängerinnen im Trio singen: eine junge Frau, Sophie, eine ältere Frau, die Marschallin, und der junge Mann Oktavian, der auch von einer weiblichen Sängerin gespielt wird. In der Zeit, in der Richard Strauss komponierte, war die Hosenrolle nicht mehr zeitgemäß. Aber die Rolle Oktavians wurde absichtlich von Anfang an als solche konzipiert.

Die Hosenrolle heißt auf Französisch „Travesti", auf Italienisch „travestito". Ihr Ursprung geht auf das 17., 18. Jahrhundert zurück, in denen Rollen für die Kastraten geschrieben wurden. Einige von solchen Rollen wurden später von Frauen gesungen, und das führte dazu, dass sogar bestimmte Männerrollen extra für Frauen geschrieben wurden. Im 19. Jahrhundert ging die Zahl der Kastraten zurück, während die Hosenrolle als Ausdrucksmittel in der Opernkunst erhalten blieb.

Die Geschlechtsverwirrungen sind schon immer ein wichtiger Bestandteil der Theaterkunst gewesen. Im alten Römischen Reich, in dem der Auftritt von Frauen auf der Bühne untersagt war, spielten Männer die Frauenrollen. Später, als die Frauen auf der Bühne agieren durften, sangen weiter die Kastraten weibliche Rollen, weil das Publikum nicht mehr bereit war, auf die Kastraten zu verzichten. Selbstverständlich bestand nicht das gesamte Publikum aus sexuellen Minderheiten. Unabhängig von ihren sexuellen Orientierungen fanden die Menschen die „Travesti" reizvoll.

Es ist vergleichbar mit dem japanischen Kabuki-Theater, in dem heute noch männliche Schauspieler die Frauenrollen spielen, obwohl es schon längst nicht mehr nötig ist.

Im sogenannten „Homojahr" 2008 wurde am Christopher-Street-Day in der Komischen Oper Berlin „Der Rosenkavalier" aufgeführt. Der „Tagesspiegel" schreibt, dass der Tag den Lesben gehöre, denn: „In Strauss' ‚Rosenkavalier' sind es schließlich drei Frauenstimmen, die die finale Beziehungskonstellation unter sich ausmachen. Und das Schlussduett ‚Ist ein Traum, kann nicht wirklich sein' wäre eigentlich auch als CSD-Motto eine gute Wahl" (22.6.2008). Der Autor des Artikels gibt zu, dass die meisten Opern von „Hetero-Lovestories" handeln, dennoch gebe es ein paar Stücke, die zumindest homoerotische Untertöne haben. Seine Behauptung, dass sich unter den drei Berliner Opernhäusern nur die Komische Oper um das schwul-lesbische Publikum bemühe, ist meiner Meinung nach ungünstig formuliert, erstens, weil homoerotische Elemente im Theater für alle interessant sind, und zweitens, weil schwul-lesbische Opernliebhaber auch ohne homoerotische Untertöne Opernaufführungen besuchen würden.

„Der Rosenkavalier" ist ohne Zweifel eine Hetero-Lovestory: Die Marschallin, die in Abwesenheit ihres Mannes mit dem viel jüngeren Mann Oktavian eine Affäre hatte, merkt eines Tages, dass sich Oktavian von einer jungen Frau, Sophia, angezogen fühlt. Die Marschallin wird traurig, macht sich Gedanken über das eigene Altern, kämpft aber nicht um Oktavian, sondern lässt ihn gehen. In dem Moment verlässt sie das konventionelle weibliche Gender und wechselt zu einem dritten Standpunkt.

Im berühmten Finale sind alle drei Stimmen weiblich. Sie unterscheiden sich voneinander, aber nicht in der Weise, wie eine Bass-Stimme als der Gegenpol zu einer Sopran-Stimme gesetzt wird. Drei weibliche Stimmen spielen durch Verschiebungen und Überlappungen zusammen. Beim Zuhören bin ich jedes Mal etwas verunsichert, weil ich keinen Punkt finde, an dem die drei Stimmen zu einem Akkord zusammenkommen. Es klingt, als würde jede Person für sich in ihren eigenen Rhythmen und Geschwindigkeiten singen, und das passt zur Situation, in der jede Figur ihren eigenen Gedanken folgt. Oktavian wiederholt: „Ich weiß nicht, wie mir ist", während sich Sophie träumend fragt: „Ist ein Traum, kann nicht wirklich sein, dass wir zwei beieinander sein". Ein moralischer Satz, „lieb haben in der richtigen Weise", klingt aus dem Mund der Marschallin emotional und sinnlich. Das Wort „lieb" im Satz verlässt die Ebene der irdischen Liebe, schwebt in einer ungreifbar schönen Tonhöhe. Ich bekomme eine Gänsehaut, wenn die Marschallin singt: „Dass ich selbst Sein Lieb' zu einer andern noch lieb hab'!", und diese Gänsehaut hat auch mit einer Überlagerung zu tun: Während das Wort „andern" in die Länge gezogen wird, kommt Sophies Stimme dazu, die mit dem Wort „mir" beginnt.

Was für eine intime, seltsame Begegnung zwischen zwei Frauen. Dann kommt die Stimme von Oktavian dazu, auch eine weibliche Stimme, aber natürlich viel tiefer eingesetzt als die anderen zwei. Danach passiert etwas, was mich jedes Mal wachrüttelt: Alle drei Stimmen kommen kurz zusammen: in „lig" vom Wort „heilig" bei Sophie, „lich" vom Wort „freilich" bei der Marschallin und dem Wort „Ich" von Oktavian.

Unerwartet fließen drei heftige Strömungen zusammen, alle von ihnen sind in irgendeiner Weise weiblich und doch nicht weiblich, auf jeden Fall so unterschiodlich, aber offenbar in der Musik, oder genauer gesagt in der Aufführung der Musik, in einer Performance, gibt es Momente, in denen die Koexistenz des Unvereinbaren möglich ist.

Die Zeit vergeht, und die Musik kann ich nicht festhalten, es gab am Ende keine These, kein Gender, keine Erkenntnis, die ich festhalten konnte, aber einmal vorgespielt habe ich alle Melodien, und zwar in einer provisorischen Form, in Form der Poetikvorlesungen, und ich danke Ihnen allen ganz herzlich fürs Lesen.

ENDE

Sophie: Mir ist wie in der Kirch'
Marschallin: Selbst sein Lieb' zu ei-ner an- - dern noch lieb
Sophie: -n, hei - - lig ist mir
Marschallin: hab' Hab' mir frei-lich nicht
Octavian g'scheh'n Ich möcht' ...

Bücher von Yoko Tawada

Nur da wo du bist da ist nichts (Gedichte und Prosa) 1987

Das Bad (Kurzroman) 1989

Wo Europa anfängt (Gedichte und Prosa) 1991

Ein Gast (Erzählung) 1993

Die Kranichmaske die bei Nacht strahlt (Theaterstück) 1993 (Uraufführung in Graz, Gastspiel in Hamburg und Berlin, Neuinszenierung in Nürnberg)

Tintenfisch auf Reisen (Drei Erzählungen)1994

Talisman (Literarische Essays) 1996

Aber die Mandarinen müssen heute Abend noch geraubt werden (Traumtexte) 1997

Wie der Wind in Ei (Theaterstück) 1997 (Uraufführung in Graz, Gastspiel in Berlin)

Verwandlungen (Tübinger Poetikvorlesungen) 1998

Orpheus oder Izanagi. Till. (Ein Hörspiel und ein Theaterstück) 1998 (Uraufführung in Hannover, Gastspiele in Tokyo und Kyoto)

Spielzeug und Sprachmagie in der europäischen Literatur: Eine ethnologische Poetologie (Promotion, 2000)

Opium für Ovid. Ein Kopfkissenbuch von 22 Frauen (Roman) 2000

Überseezungen (Literarische Essays) 2002

Das nackte Auge (Roman) 2004

Was ändert der Regen an unserem Leben? (Libretto) 2005

Sprachpolizei und Spielpolyglotte (Literarische Essays) 2007

Schwager in Bordeaux (Roman) 2008

Das Bad. (Zweisprachige Neuausgabe. Der japanische Text wurde hier erstmals veröffentlicht) 2010

Abenteuer der deutschen Grammatik (Gedichte) 2010

Fremde Wasser (Hamburger Poetikvorlesungen) 2012

Mein kleiner Zeh war ein Wort (12 Theaterstücke) 2013

Etüden im Schnee (Roman) 2014

Wo Europa anfängt & Ein Gast. Prosatexte und Gedichte. Neuausgabe der beiden vergriffenen Bücher in einem Band (2016)

akzentfrei (Essays) 2016

Ein Balkonplatz für flüchtige Abende (Prosagedicht) 2016

Sendbo-o-te (Roman, aus dem Japanischen von Peter Pörtner) 2018

Paul Celan und der chinesische Engel (Roman) 2020

Portrait eines Kreisels (Gedichte und Kurzprosa) 2022

Eine Zungengymnastik für die Gender-Debatte (überarbeitete Poetikvorlesungen, gehalten in Bamberg) 2023

2023 erscheint auch „Jenseits des Geschlechts", ein Band mit wissenschaftlichen Beiträgen zum Thema in Yoko Tawadas Büchern (Hg. Iris Hermann).

CD „diagonal" zusammen mit Aki Takase (Lesung mit Musik) 2002

(Ihre Bücher sind in mehreren Auflagen erschienen; sie bleiben lieferbar.)

In Japan zuletzt:

Kentoshi (Kodansha, Roman) 2014
Hyakunen no sanpo (Shincho, Prosa) 2017
Shutaine (Shicho, Gedichte) 2017
Chikyu ni chiribamerarete (Kodansha) 2018
Ana-aki-efu no hastukoi-matsuri (Bungeishunju) 2018
Hoshi ni honomekasarete (Kodansha) 2021

PF 1621, D – 72006 Tübingen
Telefon: 0049 (0) 7071 66551 und 0049 (0) 172 7233958
gehrke@konkursbuch.com
konkursbuch.de

Die Vorlesungen wurden am 22.6., 29.6., 6.7. und 14.7.2022 an der Universität Bamberg gehalten. Für dieses Buch wurden sie überarbeitet.

Gestaltung: Verlag, Claudia Gehrke. Bilder: Cover: Ausschnitt aus Guillaum Seignac, Diana. S. 31: Kupferstich Israhel van Meckenem (Ende 15. Jhd.); Detail aus Wandteppich Zyklus der Apokalypse in Angers; handkolorierter Kupferstich von Friedrich Justin Bertuch (1792). S. 44: Yoko Tawada. S. 88/89 u. 90: Einar Wegener. S. 97: Lili. S. 119, 120, 149: Yoko Tawada, 153: Fragment eines römischen Wandgemäldes, S. 154: Iphis und Lanthe. Weitere siehe Bildunterschriften.

Gerne schicken wir Ihnen auch unser gedrucktes Gesamtverzeichnis.

ISBN: 978-3-88769-282-7